| 이병화 지음 |

저자 / **이병화**

성균관대학교를 졸업하고 1993년에서 2010년까지 삼성증권에서 18년을 근무하였다.
삼성증권 SNI 강남파이낸스센터(VIP 고객 전용) 지점장과 압구정 지점장으로 일하며 일과 재테크를 통해 은퇴 준비를 마치고, 현재는 퇴사 후 여유 있는 삶을 즐기고 있다.
저자는 이 책에서 재테크에 대한 잘못된 고정관념을 깨뜨리고, 실패하지 않는 투자방법을 알려주고자 한다. 또한 그는 오랫동안 증권사에서 일하면서도 주식투자에만 휩쓸리지 않고 다양한 투자를 경험했으며, 특히 20년간 꾸준히 공모주 투자를 해 온 거북이 투자가이기도 하다.
이 책은 전업주부, 꼼꼼한 개미형 직장인, 노후준비를 하는 베이비부머, 노인들도 따라할 수 있도록 재미있고 쉽게 씌어져 있으며, 저자의 20년 투자 노하우를 모두 담고 있다.

초판 발행 2014년 10월 20일
3쇄 발행 2016년 5월 20일

지은이 이병화
펴낸이 유해룡
펴낸곳 ㈜스마트북스
출판등록 2010년 3월 5일 | 제313-2011-44호
주소 서울시 마포구 성미산로 84 (성산동) 월드PGA빌딩 4층
편집전화 02)337-7800 | **영업전화** 02)337-7810 | **팩스** 02)337-7811 | **홈페이지** www.smartbooks21.com

ISBN 979-11-85541-01-3   13320
원고 투고 : webmars@msn.com

copyright ⓒ 이병화, 2014
이 책은 저작권법에 따라 보호받는 저작물이므로 무단 전재와 무단 복제를 금합니다.
Published by SmartBooks, Inc. Printed in Korea

[머리말]

안전하면서도 수익이 나는 재테크 상품을 찾아서…

책을 써야겠다고 생각한 건 3년 전부터다. 그러다가 올해 봄부터 원고를 쓰기 시작했다. 마침내 꽤 괜찮은 책을 쓸 자신이 생긴 것이다. 평소에 좋은 책이라면 모름지기 고정관념을 깨뜨리거나 새로운 정보를 제공하거나 재미가 있어야 한다고 생각했다. 그 3가지 중 최소한 둘은 충족시킬 수 있겠다 싶었다.

출발은 환상 깨뜨리기부터

우선 사람들의 잘못된 환상을 깨뜨리는 작업부터 하기로 마음먹었다. 우리는 '은행 금리가 2%대이지만 비법만 알면 20%도 벌 수 있다'고, '남들이 차는 쪽박을 나만은 피할 수 있다'고, '영업직원은 전문가이기 때문에 고수익을 내는 방법을 알고 있고, 고객의 이익을 위해 헌신할 것'이라는 환상에 사로잡혀 있다. 이런 환상을 차례로 깨는 것이 이 책의 첫 번째 과제다.

보통 저녁 모임 등에서 필자가 책 출간을 준비하고 있고 재테크가 주

제라고 하면, 참석자 중 대다수는 흥미를 갖는다. 돈 싫은 사람 없고, 혹시나 대박 종목이라도 주워들을지 모른다는 막연한 기대 때문이리라. 그들은 지체 없이 좋은 종목이나 상품을 추천해 달라고 요청한다.

그럴 때면 필자는 좀 주저하다가 비장의 무기라도 내어놓듯이, "연수익률이 7% 정도 되는데 위험이 거의 없는 상품이 있다"고 말한다. 그러면 그 순간 사람들의 눈에 실망의 빛이 스쳐간다. 그러고는 이렇게 말한다.

"에이, 7%로 어느 세월에 돈을 불려, 적어도 20~30%는 돼야지!"

한마디로 환상에 사로잡혀 있는 것이다. 필자는 20년 이상 투자의 세계에서 수많은 경험과 고민을 해 보았지만, 위험을 부담하지 않고 그런 수익을 내는 비법을 알지 못한다. 애당초 불가능한 일이다.

누군가는 이렇게 단언한다. "가난한 사람, 노후준비가 되지 않은 사람들의 문제를 한방에 해결할 수 있는 방법을 제시하라, 그게 아니라면 아무런 의미가 없다." 그러면 필자는 "그런 방법은 정치인들에게 물어보라"고 말한다. 물론 원하는 답을 들을 가능성은 없겠지만.

집필 전에 스스로에게 묻다

이번 책을 쓰기 전에 과연 내가 이런 책을 집필할 자격이 있는지 스스로에게 물어보았다. 자격도 없이 글을 쓴다면 그것은 말장난이거나 정보의 짜깁기에 불과해, 독자에게 금전적으로나 시간적으로나 피해를 줄 수 있다고 생각했기 때문이다.

　필자는 20여 년 동안 증권사에서 일했다. 대부분의 시간을 개인투자자와 기관투자자를 대상으로 영업을 하는 분야에서 일을 했다. 특히 VIP 고객 전담 점포에서 PB로서, 지점장으로서 근무하면서 슈퍼리치(초고액 자산가)들을 많이 만났고, 그들의 노하우를 배울 수 있는 기회도 가졌다. 또한 대다수의 직장인과 마찬가지로 조직원으로서 회사에 충실했고 생활인으로서 내 자산을 불리기 위해 애를 썼다.

지금은 아니지만, 증권업종은 지금으로부터 6년 전 2008년 글로벌 금융위기 전까지만 해도 성장산업으로 각광받던 직종이었다. 그 덕분에 필자는 다른 업종에 있는 친구들보다 많은 월급과 성과급을 받을 수 있었다. 그래서 돈을 빨리 모을 수 있었다. 하지만 직급이 올라가고 책임이 무거워지면서 스트레스는 늘어만 갔다. 앞만 보고 달리다가, 어느 날 갑자기 주변이 눈에 들어오기 시작했다. 다른 세상이 보이기 시작한 것이다. 행복하지 않다는 생각을 하게 되었다.

내가 회사를 떠난 이유

회사를 다니는 이유를 생각해 보았다. 돈을 벌기 위해서가 첫째였고, 일을 통해 성취감을 얻는 게 둘째였다. 그런데 내 나이 47세이던 그때, 더 이상 성취감은 없었고 돈만 남아 있었다. 허탈하고 참담했다. 결단이 필요한 때가 온 것이었다.

  하지만 무엇보다 '경제적으로 준비가 되었느냐'가 중요했다. 준비가 안 되었다면 이것저것 따진다는 게 무의미했으니까. 운 좋게 준비가 되었다면 회사를 그만둘 수도 있다고 생각했다. 어차피 회사에서 더 이상 성취감을 느낄 수는 없었으니.

수중에 있는 돈과 앞으로 쓸 것을 계산해 보았다. 더 모아야 했다. 바로 뛰쳐나가기보다는 때를 기다리자고 자신을 달랬다. '경제적 자유'를 누리는 데 필요한 돈을 모으기 위해 몇 년이 더 필요했다. 하지만 그 이상의 돈을 벌기 위해서 나에게 주어진 시간과 능력을 낭비하는 바보짓은 하지 않겠다는 다짐도 했다.
  그로부터 3년 후, 준비는 어느 정도 되었지만 용기가 나지를 않았다. 한창 일할 나이에 회사를 나간다는 건 거스를 수 없는 흐름 속에서 나만 빠져나와 그 물결을 혼자서 바라보아야 한다는 두려움이 되었다. 바로 그때 나의 망설임에 마침표를 찍게 한 사건이 터졌다. 친구의 갑작스러운 죽음이었다.

내 친구 김일영!
친구는 많은 학문적 업적을 낸 주목받는 학자이자 사회비평가였으며, 필자가 닮고 싶은 본보기와도 같은 존재였다. 학문에 대한 열정적인 자세에 절로 고개가 숙여졌고, 명쾌하고 치밀한 글쓰기는 꼭 배우고 싶은 재능이었다. 하지만 그 무엇보다도 내겐 가장 소중한 친구였다. 소중한 것이 하루아침에 사라진 허망함이 나의 망설임을 밀어냈다. 가끔 인생은 예상치 않은 일로 방향을 결정하기도 하니까.
그 이듬해, 마침내 나는 자유를 선택했다.

공모주 투자를 말하다

필자의 이런 선택이 흔히 있는 사례가 아님을 잘 안다. 대다수 사람들은 평생 일한 대가로 간신히 집을 장만하고 자녀교육까지는 어떻게든 해결해 보지만, 정작 중요한 자신의 노후준비를 하지 못한다. 그런데 필자는 그 준비를 했고 남들보다 빨리 은퇴를 할 수 있었던 것이다. 그 이유가 무엇이었을까?

무엇보다 현직에 있을 때 한눈 팔지 않고 열심히 일을 했다는 것이 가장 큰 이유였겠지만, 그에 못지않게 중요한 것은, '번 돈을 나만의 재테크 철학과 방법으로 잘 지키고 불렸기 때문이 아니었을까' 생각한다. 필자의 재테크 철학과 방법에 대한 논의가 이 책의 주요 내용이 될 것이다.

누구나 돈을 벌고 싶은 마음은 한결같다. 하지만 그 방법은 제각각이다. 대단히 공격적으로 투자를 하는 사람이 있는가 하면, 일찌감치 재테크는 자신과는 상관없다고 선을 긋고 쳐다보지도 않는 사람도 있다. 물론 그 중간도 있다. 필자는 그 중간에 속한다.

이 책은 그런 내용을 담았다. 필자가 추천하는 재테크 방법은 '저위험/중수익' 상품 투자, 그중에서도 '공모주 투자'가 핵심이다. 공모주 투자는 지난 20년 동안 단 한 해도 마이너스 수익을 낸 적이 없고, 가장 좋지 않을 때에도 은행 금리보다는 높았다. 또한 재테크가 몹시 어렵다고들 했던 최근 3년(2011~13년) 동안에도 연 4.0~9.3%의 수익을 안겨주었다. 같은 안정형 상품인 은행예금(2.7%), 오피스텔 임대(4~5%)와 비교해 보아도 단연 돋보이는 수익률이다.

앞으로 기업공개(IPO) 시장은 계속 뜨거울 것이다. 기업이 저비용으로 자금을 조달하고 투자자가 수익을 확보하기에 IPO만한 게 없기 때문이다. 또한 정부가 중소기업 육성 방안의 일환으로 상장을 적극 장려하고 있어 공개 기업의 수가 계속 늘어날 가능성도 높다.

사람들은 화끈하고 자극적인 것을 좋아하지만

사람들은 화끈하고 자극적인 것을 좋아한다는 사실을 잘 안다. 그것이 인간의 본성에 가깝기 때문이라는 것도 안다. 지금까지 재테크 책들도 그에 부합하는 내용으로 독자의 욕구를 충족시켜 왔다. 그 결과 책은 팔렸을지 몰라도, 진리를 호도하여 결과적으로 독자를 혼돈과 좌절로 이끌었다는 게 필자의 생각이다.

예전에 '대리 주가'라는 말이 유행했다. 입사 2,3년차의 대리들이 주식시장을 좌지우지한다는 데서 유래한 말이다. 산전수전 다 겪은 고참들이 우물쭈물할 때, 대리들은 눈에 보이는 화려함이 모든 것인 양 공격적으로 주식을 샀던 것이다. 강세장이 이어지는 동안은 환상적인 수익으로 고객들에게 보답했다. 하지만 시장이 꺾이면서 이들 또한 나락으로 떨어졌고, 고객들은 다시 한 번 주식투자의 참혹함을 맛보았다. 워렌 버핏이 "월스트리트는 지하철을 타고 다니는 사람이 캐딜락을 타고 다니는 사람에게 주식을 추천하는 곳이다"라고 하지 않았던가.

20년 동안 '저위험/중수익' 투자를 찾아서

필자는 증권시장에 몸담고 있는 동안 여러 차례의 금융위기를 경험했다. 가깝게는 글로벌 금융위기(2007년)부터 IT 버블 붕괴(2000년대 초반), IMF 외환위기(1997년)까지 두루 겪었다. 그 덕분에 투자를 하기 전에, 반드시 화려함 뒤에 숨은 어두운 면을 살펴보는 게 몸에 배었다. 그래서 지금도 늘 안전하면서도 수익이 나는 상품을 찾는다.

여기서 취급한 모든 상품들, 즉 공모주 청약, 실권주 청약, 우량기업 전환사채(CB), 저축은행의 정기예금과 적금 및 조합 예탁금, 그리고 오피스텔 등은 모두 필자가 직접 투자했거나 지금도 하고 있는 것들이다. 단순히 책이나 신문에서 읽었거나 누군가로부터 들은 그저 그렇고 그런 이야기들이 아니라는 말이다. 그야말로 생생한 투자경험에서 나온 정보들이다.

특히 공모주 청약은 20년 가까이 투자를 하며 얻은 지식이기에 타의추종을 불허할 것이라고 감히 자신한다. 지금까지 공모주 청약에 대한 책은 없었다. 단지 재테크 책의 몇 쪽에서 언급되는 것이 전부였다. 공모주 청약의 투자가치를 생각한다면, 이제는 제대로 된 책 한 권이 나올 때가 되었다. 그래서 그 가치를 진즉에 알았던 소수의 투자자만이 누리던 혜택이 더 많은 사람들에게 확산되기를 기대한다.

아직도 연 20~30%의 환상에 젖어 있는 독자라면 1장을 지금 당장 읽어 보길 권한다. 위험과 수익에 대한 합리적이고 사실적인 견해를 접할 수 있을 것이다.
금리보다 약간 높은 정도의 수익에 관심이 있는 독자라면 1장을 건너뛰어도 좋다. 이런 독자들에게는 1장은 사족에 불과할 수도 있기 때문이다.
2장에서는 풍부한 재테크 정보와 지식을 만날 수 있을 것이다. **공모주/실권주 청약**은 필자의 재테크 세계의 핵심이다.
3장은 덤이다. 공모주/실권주보다는 못한 투자수단이지만 알아두면 요긴하게 써먹을 수 있는 정보들이다. 하지만 '주택연금' 부분은 덤이라고 하기에는 너무나 중요한 정보이니 자신이나 부모님을 위해 꼭 활용하기 바란다.

4장에서는 **목돈이 있는 사람들과 베이비붐 세대의 자산관리와 투자전략**을 다루었다. 단일 상품을 넘어 보유자산 전체를 어떻게 관리해야 하는지 그 방법을 제시했다.

이 책은 특히 목돈이 있는 사람들과 베이비붐 세대에게 유익한 내용들로 채워져 있다. 그렇다고 그 내용들이 다른 세대에게는 적용되지 않는다는 의미는 아니다. 1장의 재테크 철학은 모든 세대에게 적용될 수 있는 보편적 원리다. 그릇된 환상은 베이비붐 세대만의 문제가 아니기 때문이다. 공모주/실권주 청약이나 다른 재테크 상품들은 모든 세대가 재산 증식에 활용할 수 있는 재테크 수단이다. 따라서 이 책을 모든 세대가 재테크 기본서로 활용해 주기를 기대한다.

끝으로 이 책은 다른 어떤 것도 대체할 수 없는 필자의 경험과 그동안 읽은 많은 책에서 얻은 영감의 결과물임을 밝혀둔다. 아무쪼록 많은 독자가 이 책에서 조그마한 영감이라도 얻을 수 있다면 필자에겐 큰 기쁨이 되겠다.

2014년 가을의 문턱에서
이병화 드림

차 례

머리말 공모주 투자의 혜택이 더 많은 사람들에게 확산되기를… 3

1장 재테크 환상을 버릴 때가 되었다

01 우리들의 슬픈 자화상 21

환상 속을 헤매다 | [사례] 입사동기 P씨와 K씨의 엇갈린 운명 |
금융기관과 재테크 책의 환상 불어넣기 |
[사례] 세상에 하지 못할 일도 있다―나의 데이트레이딩 경험

【조금만 더】 ELS의 위험성 | 브라질 국채, 부자들의 사랑을 받았지만 |
랩어카운트, 왜 돈이 빠져나갔을까? 30
가치투자가 쉽지 않은 이유 31

02 우리는 워렌 버핏이 아니다 33

시장은 당신보다 똑똑하다 | 과거를 보듯이 미래를 볼 수는 없다 |
[사례] 1997년 임원 5명의 끝장 토론, 그 후 |
대박을 꿈꾸며 희박한 가능성에 배팅한다

03 해답 찾기 41

목표 수익률을 확 낮춘다 | 0.1%를 소중하게 여긴다 |
[사례] 쿠쿠전자, 공모주 청약―단 2일에 141일치 이자를 벌다 |
나와 궁합이 맞는 상품만 투자한다 |
[사례] 김 할머니가 일편단심 공모주에 투자하는 이유 |
안전자산은 직접투자, 위험자산은 간접투자 | 투자의 관심 대상을 넓힌다 |
직업은 새로운 자산이다 | [사례] 실패로 끝난 전업투자, 그 후 |
[사례] 재테크 부자?, 내가 만난 진짜 부자들 |
월급 200만원은 예금 10억원과 맞먹는다

【조금만 더】 공모주 및 재테크 고수들의 CMA 통장 활용법 54

04 해답은 '저위험/중수익' 상품에 있다 59

[사례] K씨가 공모주 투자를 시작한 이유 |
금융상품을 안정성과 수익성 기준으로 나누면 |
중위험/중수익 상품은 어떤 것이 있나? |
중위험/중수익 상품에 돈이 많이 몰리는 이유 |
중위험/중수익 상품은 미끼였다 | 해답은 '저위험/중수익' 상품에 있다

2장 알짜배기 공모주/실권주 투자하기

01 공모주 청약, 기초 익히기 71

[사례] 강원랜드 공모주 청약으로 대박을 경험하다―상장 첫날 7.4배 상승 |
공모주 청약이란? | 공모주는 신규 분양 아파트와 같다 |
공모주의 3가지 투자방법

02 나는 오피스텔보다 공모주가 좋다 81

[사례] 알고 보니 배보다 배꼽이 큰 오피스텔 투자 |
공모주, 노인도 할 수 있는 쉬운 투자방법 | 공모주, 왜 안전한 투자인가? |
공모주 투자의 기대수익은 '은행 금리+알파' |
공모주 투자가 '저위험' 투자인 3가지 이유 | [사례] 욕심이 화를 불렀다 |
공모주, 유동자금을 효율적으로 관리하는 수단 |
공모주 투자는 절세 효과가 뛰어나다 | 공모주 투자는 비용이 들지 않는다 |
특히 장년, 노년층에 좋은 투자이다 | 공모주 투자의 걸림돌

03 공모주 투자 9단계 따라하기 101

STEP 1 공모 예정 종목 찾기 102
STEP 2 공모주 투자를 위한 증권 계좌 만들기 109
[사례] 내 돈 어디 갔어요? | [사례] 공모주 청약 통장, 한 개로는 부족해!
STEP 3 공모주 옥석 가리기 ❶ ─ 기관의 수요 예측 성생률 115
　　　　 공모주 옥석 가리기 덤&덤 ─ 뉴스 및 정보 수집 채널 122
　　　　 공모주 옥석 가리기 ❷ ─ 공모주의 장외가격 125
　　　　 공모주 옥석 가리기 ❸ ─ 마감 전 청약 경쟁률 128
STEP 4 공모주 청약 자격을 미리 확인해 맞추기 133
STEP 5 청약 2일째, 공모주 실제로 청약하기 137
STEP 6 청약 배정 후 환불금 돌려받기 140
STEP 7 드디어 공모주 상장 ─ 상장 첫날, 시초가 확인하기 141
STEP 8 공모주 매도하기 ─ 최적 매도 타이밍의 3가지 원칙 142
STEP 9 공모주 투자 평가 및 평가표 기록하기 148

04 공모주 청약의 3가지 리스크 관리법 151

청약 경쟁률이 낮은 종목은 청약하지 않는다 |
[사례] 솔루에타, 왜 청약을 포기했을까? |
공모주를 계획보다 많이 배정받는 리스크 예방법 |

[사례] 우리이앤엘의 청약 증거금을 줄인 이유 |
청약 경쟁률이 일정 수준 이상으로 오르면 |
[사례] 높은 경쟁률로 상장되었으나 결과가 나쁘면 주의!

05 공모주 청약, 꼭 지켜야 할 6가지 투자원칙   155

06 실권주 청약은 덤이다   161
실권주, 어떤 경우에 생기나? | 실권주, 짭짤한 덤 수익을 준다 |
실권주와 공모주 투자의 공통점 | 실권주와 공모주 투자의 차이점

07 실권주 투자 9단계 따라하기   169
STEP 1 실권주 예정 종목 찾기 170
STEP 2 실권주 투자를 위한 증권 계좌 만들기 175
STEP 3 실권주 옥석 가리기 176
[사례] 실권율이 높았던 유니켐 |
[사례] 주가가 실권주 발행가의 115% 이하였던 위노바 |
[사례] 청약 경쟁률이 낮았던 우리종합금융
STEP 4 실권주 청약 자격 점검하기 179
STEP 5 청약 2일째, 실권주 실제로 청약하기 180
STEP 6 청약 배정 후 환불금 돌려받기 182
STEP 7 드디어 실권주 상장! 183
STEP 8 실권주 매도하기—최적 매도 타이밍의 2가지 원칙 184
STEP 9 실권주 투자 평가 및 평가표 기록하기 186

08 실권주 청약, 꼭 지켜야 할 6가지 투자원칙   187
[사례] 원칙을 무시해서 실패한 '대한전선' 실권주 청약

3장 다양한 저위험/중수익 상품

01 우량기업 전환사채는 필수 아이템이다 193
전환사채, 왜 양다리 투자라고 할까? | 전환사채에 돈이 몰린다 |
전환사채는 어떤 기업이 발행하나? | 전환사채의 발행조건을 알아보자 |
전환사채의 발행정보 찾기 | 전환사채 매매하기

02 알짜배기 전환사채 고르는 6가지 방법 201
발행회사의 재무 안전성을 고려한다 |
[사례] 대박을 낸 전환사채, LG이노텍 | 표면이율 높으면 오히려 조심한다 |
주가와 전환가액의 차이를 고려한다 | 만기보장 수익률을 참고한다 |
리픽싱 비율을 고려한다 | 주식 전환에 걸리는 기간을 감안한다

03 저축은행 정기예적금 및 조합 예탁금 다시 보기 205
알짜배기 정기예적금 찾는 법 | 조합 예탁금 100% 활용하기

04 확정금리 상품의 4단계 활용법 211

05 노후를 위한 최고의 상품, 주택연금 215
[사례] 강남 부자 vs 부동산 거지 | 주택연금, 왜 주목해야 하나? |
노후에는 무조건 주택연금이다 | 주택연금 가입자, 왜 적을까?

4장 베이비붐 세대의 자산관리

01 자산관리, 어떤 순서로 할까? 225
투자목적을 세운다 | 연령대의 특성을 파악한다 |
시장에 대한 장기전망을 한다 | 자산을 효과적으로 배분한다 |
투자 평가 및 피드백을 한다

02 자산을 어떻게 배분할까? 229
자산배분, 왜 필요한가? | 자산배분의 대상을 살펴보자 |
투자 3분법, 괜찮은 자산배분 전략일까? |
'100—나이 법칙', 효과적인 자산배분 전략일까? |
새로운 자산배분법, '바벨 전략'을 제안한다

03 베이비붐 세대의 투자전략—바벨 전략 235
블랙스완의 출현 | 나심 탈레브의 바벨 전략 |
'중위험/중수익' 상품에 올인이 가장 위험하다 | 바벨 전략의 구조 |
바벨 전략, 자산 배분에 이렇게 적용해 보자 |
바벨 전략을 쓰면 위험자산에도 화끈하게 투자할 수 있다 |
바벨 전략과 '100—나이 법칙' | 만약 1억원이 있다면

【조금만 더】연금저축펀드 100% 활용법 246

글을 마치며 재테크에는 비법도, 요행도 없다 248

찾아보기 251

1장

재테크, 환상을 버릴 때가 되었다

...

어떤 대가를 치르고라도

환상을 가져야 하는 군중은

곤충이 빛을 찾듯이

본능적으로 자신들의 욕구에 동조하는

선동자를 찾는다.

— 귀스타프 르 봉, 『군중심리』

01 우리들의 슬픈 자화상

환상 속을 헤매다

"재테크, 참 어렵다."

이구동성으로 하는 말이다. 오죽하면 자식농사 다음으로 어렵다는 말이 있을까? 씀씀이에 비해 버는 게 시원치 않아 은퇴 후 노후를 대비하기 위해 재테크가 필요하긴 한데, 그게 뜻대로 되지를 않는다. 사면 내리고 팔면 오르니 환장할 노릇이다. 그래서 남들처럼 하겠다고 재테크 대세 상품이라는 ELS*, 브라질 국채*, 차이나펀드, 랩어카운트*에 돈을 넣어도 봤지만 수익은 고사하고 원금까지 축나기 일쑤다.

우리는 투자에 실패하면 상품을 추천해 준 증권사 직원부터 원망한다. 그런 다음에는 그 직원을 선택한 자신의 형편없는 안목을 탓한다. 이런 원망과 자책의 과정은 그 후에도 계속 반복되기 십상이다.

그렇다면 왜 우리는 끊임없이 잘못된 선택을 반복하는 것일까? 왜 번번이 재테크에 실패하고 마는 것일까? 상품지식이 부족하거나 단순히 운이 나빠서? 아니면 투자비법을 몰라서 실패하는 것일까?

입사동기 P씨와 K씨의 엇갈린 운명

증권사 입사동기인 P씨는 본사 자금팀에서, K씨는 지점에서 직장생활을 시작했다. 증시가 달아오르기 전까지 둘의 삶은 크게 다르지 않았다.

1980년대 후반은 유례없는 3저호황(저유가, 저금리, 낮은 원화 가치)으로 증시가 급속히 커가는 시기였다. 불과 4년 사이에 거래대금이 20배로 늘어날 정도였으니 말이다.

입사 2년 차였던 P씨와 K씨도 연봉보다 많은 액수의 우리사주를 배정받아 대박 행진에 합류할 기회를 잡았다. 당시 회사 주가가 4~5만원이었는데 주당 5,000원에 우리사주를 받았으니, 당장의 차익만 생각해도 월급쟁이 입장에서는 로또를 맞은 것이었다.

그런데 P씨와 K씨의 삶은 입사 3년 차부터 확연히 달라지기 시작했다.

본사 자금팀에 근무하던 P씨는 우리사주를 묵혀둔 채 회사 업무에만 집중한 반면, 지점에서 일하던 K씨는 주식의 세계에 본격적으로 뛰어들었다. 자고 나면 상한가를 치는 종목이 속출했고 자신이 관리하는 고객들의 잔고는 날로 불어갔으니, 그것을 보고도 가만있으면 스스로 바보가 되는 느낌이었다. 그때부터 K씨는 일을 위해서라기보다 개인의 재테크를 위해 회사에 다니기 시작했다. 나중에는 그것도 모자라서 아예 회사를 그만두고 전업투자자로 나섰다.

그는 퇴사 후 한동안 재미를 크게 보기도 했다. 운전기사가 모는 승용차의 뒷좌석에서 두어 대의 휴대폰을 번갈아 받으며 투자자들의 칭송을 들을 때가 머지않았다고 생각했다. 성공과 돈이 바로 눈앞에서 손짓하는 듯했다. 그러나 K씨의 달콤한 꿈은 불쑥 찾아온 1997년 IMF 외환위기에 그만 산산조각이 나고 말았다. 그는 가진 돈을 모두 날리고 잠적해서 지금은 소식조차 알 수 없게 되었다.

지금은 노후준비까지 마치고 인생 2막을 설계하고 있는 P씨와 달리, K씨의 삶은 왜 그토록 황폐해졌을까? 필자가 내린 결론은 '재테크에 대한 환상' 때문이다. 재테크만으로 부자가 될 수 있다는 환상, 투자비법만 배우면 쉽게 돈을 벌 수 있다는 환상, 나만은 손실 위험을 피할 수 있다는 환상, 바로 이런 것들이 K씨를 실패의 구렁텅이로 몰아넣었던 것이다.

금융기관과 재테크 책의 환상 불어넣기

투자자들이 환상에 사로잡혀 무리한 투자를 하는 데는 '금융기관의 마케팅'과 '재테크 책의 환상 불어넣기'가 일조한다.

금융기관은 위험보다 기대수익을 강조한다. 그래야 고객 유치가 쉽기 때문이다. "주가가 3년 안에 50%나 하락할 가능성은 거의 없다"고 강조하며 ELS를 팔고, "설마 브라질이 10년 안에 망하겠어요?"라며 만기 10년짜리 브라질 국채를 권유한다. 하지만 필자는 3년 안에 50% 이상 하락한 종목을 수도 없이 많이 보았다. 또한 멀쩡해 보였던 국가가 부도위기에 빠지는 경우도 여러 번 접했다. 1997년 우리나라, 1998년 러시아에 이어 2010년 그리스가 그랬다.

금융기관은 상품 판매를 위해 기대수익을 강조하지만, 다른 한편으로는 투자자의 불안심리를 이용하기도 한다. '공포 마케팅'을 하는 것이다. 지금 가진 돈과 월급만으로는 노후를 준비할 수 없으니 주식형 펀드나 ELS처럼 기대수익률이 높은 상품에 투자하라고 권한다. 선진국 증시가 그러했듯이 우리 시장도 결국에는 상승할 것이라고 말하면서.

금융기관은 고객의 노후를 걱정해 주는 척하며 상품을 권하고, 고객은 가난한 노인이 될지도 모른다는 두려움에 권해 주는 상품을 덜컥 사고 만다. 금융기관의 이런 권유는 '노후를 걸고 모험을 하라'는 것과 같다. 투자 실패로 노후의 주머니 사정이 더 나빠질 수 있는 위험은 그들의 안중에 없는 것이다. 명심하라. 금융기관은 이득을 챙기기 위해 상품을 팔았을 뿐, 나의 노후까지 책임져 주지는 않는다는 사실을. 실패에 대한 책임은 오롯이 나의 몫이다.

재테크 비법을 알려주겠다는 책도 우리네 가슴에 환상을 불어넣는다. 가치투자 따라하기, 이동평균선 매매, 데이트레이딩, 외국인 매수종목 따라 사기 등. 왠지 전문가의 냄새가 솔솔 나지 않는가. 이른바 재테크 비법을 알려주며, 따라하기만 하면 자신처럼 떼돈을 벌 수 있다고 현혹하는 책이 부지기수로 서점에 깔려 있다.

가치투자 기법, 옳지만 어려운 이유

가장 흔하게 거론되는 '가치투자 기법'만 해도 그렇다. 모든 사물은 일정한 가치를 가지고 있고, 그 사물에는 가격이 있다. 가격은 사물의 가치를 반영한다. 증권시장에 상장되어 있는 기업에 한 번 적용해 보자.

삼성전자의 주가가 현재 130만원이면, 주식 한 주의 가치가 130만원이라고 보는 것이다. 하지만 현실은 그처럼 똑 부러지게 명쾌하지만은 않다. 삼성전자 한 주의 가치가 130만원이라고 해도 시장환경 변화에 따라 주가는 120만원이 되기도 하고, 140만원이 되기도 한다. 바로 이 부분에서 가치투자*가 나온다. 가치투자란 가치와 가격의 불일치를 이용해서 시세차익을 얻을 수 있다고 보는 것이다. 즉 가치투자는 가치보다 쌀 때 사서 가치 이상일 때 팔아 차익을 남기는 게 원리다.

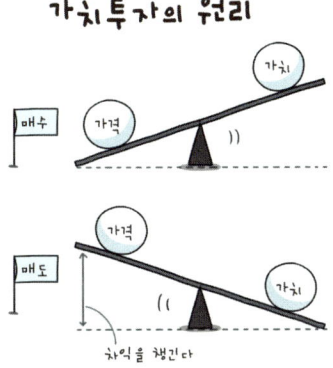

원리 자체는 옳고 필자도 이 원리에 동의한다. 그런데 문제는 투자자가 기업의 가치를 알아내기가 쉽지 않다는 데에 있다.

가치투자를 제대로 하려면 기업의 가치를 알아내기 위한 기업평가가 선행되어야 한다. 기업의 순이익, 매출액, 순자산, 배당 등과 같이 숫자로 나오는 부분은 물론, 경영자의 자질, 회사의 경쟁력, 연구개발 능력처럼 숫자로 나타내기 어려운 부분까지도 고려해 평가해야만 한다. 여기에는 주관적인 잣대가 적용될 수밖에 없어 평가자에 따라 다양한 평가수치가 나오게 된다. 따라서 적정 가격, 즉 가치도 여러 가지일 수밖에 없다는 것이 문제다.

이동평균선 매매, 추세가 언제 깨질지 알 수 없다

'이동평균선 매매'도 마찬가지다. 이동평균선은 일정한 기간의 주가를 평균화해서 선으로 이은 것을 말한다. 하루하루의 주가는 불규칙하고 변화무쌍하지만, 이동평균선으로 나타내면 하나의 추

▼ 이동평균선의 추세 보기   조선내화의 이동평균선 차트(2014년 2~9월)

이동평균선만 보면 추세선에 근접할 때마다 매수하면 백발백중. 하지만 추세가 언제 깨질지 정확히 아는 사람이 없다는 것이 함정이다.

세를 읽을 수 있다. 이동평균선 매매는 이런 추세에서 이탈할 때, 매수나 매도를 하여 차익을 얻고자 하는 기법이다.

앞의 차트처럼 기가 막히게 이동평균선의 추세를 지키며 우상향으로 움직이는 주가 차트를 보면 감탄이 절로 나온다. 주가가 추세선에 근접할 때마다 매수하면 백발백중 성공이다. 딱 추세가 깨지기 직전까지만 사들인다면 말이다. 그런데 추세가 언제 깨질지 정확히 아는 사람이 없다는 것이 함정이다. 전문가도 모르기는 마찬가지다.

다음의 차트는 추세를 깨고 하락하는 예를 보여준다.
이동평균선 매매기법과 같은 기술적 분석은 현재의 눈으로 과거를 보는 것이다. 그래서 절묘하게 맞아떨어지는 것처럼 보인다. 하지만 그 기법을 미래에 적용하면 맞출 확률이 50% 밑으로 떨어진다. 과거를 잘 맞추는 점쟁이는 있지만 미래를 잘 맞추는 점쟁이는 보기 힘든 것과 같다.

▼ 이동평균선의 추세를 깨고 하락하는 예   삼성전자(2011년 8월~2014년 8월)

추세는 언젠가 깨어지게 마련이고, 그 시기를 정확히 아는 사람은 없다.

데이트레이딩, 원룸에서 시세와 피를 말리는 싸움

데이트레이딩(Day Trading)은 단기 시세차익을 노리는 초단기 매매기법이다. 수수료와 거래세를 제하고 남으면 매도하여 차익을 챙기는데, 하루에 한 번, 많을 때는 3번도 사고팔기를 되풀이한다. 그러다 보니 장중에는 증권단말기에서 눈을 뗄 수가 없다. 그래도 하루에 40만원씩 꼬박꼬박 벌어 일 년에 1억원을 모을 수 있다면 무슨 일인들 못하겠는가. 참고로 데이트레이딩 관련 베스트셀러로는 『나는 초단타매매로 매일 40만원 번다』와 『나는 스캘핑 매매로 1년에 1억 번다』가 있다.

세상에 하지 못할 일도 있다―나의 데이트레이딩 경험

필자도 두 달 정도 데이트레이딩을 해 본 경험이 있다. 점심을 햄버거로 때우고 화장실 가는 횟수도 줄이며 제대로 한 번 해 봤다. 성과가 나쁘지는 않아 좀 더 열심히 하면 뭔가 될 듯도 싶었다. 그러던 어느 주말, 동네 단골 미용실에서 커트를 하는데 미용사가 심각한 얼굴로 물었다.

"손님, 혹시 머리 뒤에 이거 알고 계세요?" 하며 내 손을 그곳에 가져갔다.

손끝에 와 닿는 미끈미끈한 느낌은 마치 뱀을 만지면 그렇지 않을까 싶었다. 아뿔싸! '원형탈모'였던 거다.

그날 결심했다. 두 번 다시는 데이트레이딩을 하지 않겠다고.

최근 한 후배는 매일 시장이 끝나면 곤두선 신경을 가라앉히기 위해 사무실에서 소주 한 병을 마신다고 고백했다. 오늘도 어느 오피스텔 원룸에서 시세와 피를 말리는 승부를 겨누는 데이트레이더들이 있을 것이다. 그들에게 간곡히 권한다. 뒷머리를 찬찬히 만져 보시길!

● ● ● ●

주식시장의 패턴은 환상이라는 점을 받아들여라. 달 표면에서 사람 형상을 찾아내고, 하늘 위를 떠다니는 구름에서 할머니의 얼굴을 발견하는 것이나 똑같다. 시장을 대할 때 가장 안전하면서도 수익성과 직결되는 전제는 "패턴은 절대 없다"는 것이다. (중략)
무엇보다 중요한 것은 각종 경제지표와 금융통계를 가지고 시장의 방향을 예측하려는 시장 전략가들의 말을 무시하라는 것이다.

— 윌리엄 번스타인, 「투자의 네 기둥」

조금만 더 생각해 볼까요?

ELS의 위험성

ELS(주가연계증권)는 기초자산(종목이나 지수)의 주가가 만기까지 일정 범위 내에 머물면 약속된 수익을 지급하는 상품이다. 원금 보장형과 원금 비보장형이 있다. 원금 비보장형은 대체로 기초자산의 주가가 50~60% 이상 하락하면 큰 손실을 보는 구조이다.

브라질 국채, 부자들의 사랑을 받았지만

브라질 국채는 연 10%의 고금리와 비과세 혜택으로 2012년부터 고액 자산가들의 사랑을 한 몸에 받으며 5조원 이상이 팔렸다. 하지만 미국의 양적완화 축소 움직임으로 브라질 채권금리가 상승하면서 채권가격이 하락하는 데다가, 브라질의 화폐인 레알화의 가치마저 크게 떨어져 막대한 평가손실을 기록했다.

랩어카운트, 왜 돈이 빠져나갔을까?

랩어카운트(Wrap Account)는 증권사가 투자자의 성향에 맞추어 고객이 맡긴 자산을 투자하는 종합자산관리계좌이다. 2010년 10여 개의 소수 종목에 집중 투자하는 방식으로 고수익을 내자, 시장에 랩어카운트 열풍이 불어 잔고가 4조원을 넘어섰다. 하지만 종목 쏠림의 부작용으로 수익률이 급락하자 돈이 썰물처럼 빠져나갔다.

가치투자가 쉽지 않은 이유

가치투자를 제대로 하려면 주당순이익(EPS), 주가수익비율(PER), 주당순자산(BPS), 주가순자산비율(PBR), 자기자본이익률(ROE), 이브이에비타(EV/EBITDA) 같은 주식투자와 관련된 어려운 개념부터 알아야 한다. 하지만 이런 개념은 이해하기 쉽지 않다. 또한 설혹 개념을 이해한다고 해도 실제로 시장에 적용하기는 더 어렵다.

예를 들어 A 기업의 주당순이익(EPS)이 1,000원이라고 하자. 이 기업의 적정 주가수익비율(PER)이 10이라면 적정 주가는 10,000원이 된다. 그런데 기업의 적정 PER은 고정된 것이 아니다. 경기변동, 금리, 환율, 기업의 성장성 등에 따라 PER이 10이 되기도 하고, 15가 되기도 하여 적정 주가는 계속 변한다. 즉 A 기업의 주당순이익(EPS)이 여전히 1,000원인데, 적정 PER이 10에서 15로 변하면 적정 주가는 10,000원에서 15,000원으로 상승하는 것이다.

A 기업의 PER을 10으로 할지, 15로 할지를 결정하는 주체는 투자자 개개인이다. 누군가가 PER 10을 준 기업에 다른 누군가는 PER 15를 매길 수 있다는 것이다. 기업의 가치는 평가하는 사람에 따라 달라지게 된다. 바로 여기에 가치투자의 어려움이 있는 것이다.

...
스스로 판단할 능력이

없는 사람은

투자할 자격이 없다.

— 워렌 버핏

02 우리는 워렌 버핏이 아니다

시장은 당신보다 똑똑하다

사실을 아는 것이 '지식'이라면 사실의 이면까지 읽는 힘은 '지혜'이다. 지혜는 다른 말로 '직관'이라고 할 수 있다. 파도에 비유하자면, 눈앞에 보이는 파도의 높이나 세기를 아는 것이 지식이라면, 물결의 흔들림이 파도인지, 아니면 태풍의 전조인지를 분별할 수 있는 직관력은 지혜이다.

저축은행의 정기예금에 가입할 때, 원리금이 5,000만원을 넘지 않도록 하는 사람은 금융지식이 있는 투자자라고 할 만하다. 5,000만원까지만 예금자보호가 되는 걸 알기 때문이다. 또한 '저축은행중앙회' 홈페이지에서 최고금리를 주는 은행을 찾을 수 있다면 금융지식이 있는 투자자라고 할 만하다. 주식투자를 할 때 주당순이익(EPS), 주가수익비율(PER), 이동평균선이 무엇인지 아는 것도 지식이다.

그렇다면 지식을 갖춘 사람이면 지혜롭다고 할 수 있을까?

애널리스트는 기업분석을 통해 주가를 예측한다. 때로는 맞고 때로는 틀린다. 항상 맞추는 애널리스트를 본 적이 있는가? 어느 누구보다 지식이 풍부한 그들이 왜 틀릴까? 지식만으로는 안 되는 게 주가 예측이라 그런 건 아닐까?

주가 예측은 인간의 한계를 넘어선다. 주가를 결정짓는 변수는 수천 가지가 넘는다. 인간이 수천 가지의 변수를 체크하고 분석하기란 불가능하다. 설혹 각종 변수를 완벽하게 안다고 해도 시장을 꿰뚫어 보는 지혜가 없다면 주가를 맞추기란 불가능하다. 재테크에서 지혜는 투자자의 분석력, 판단력, 결단력 등을 의미한다. 사실을 아는 지식이 있어도, 그 사실이 갖는 의미를 분석히고 판단한 후 투자 여부를 결단할 수 있어야 마침내 투자가 완성된다.

워렌 버핏은 "스스로 판단할 능력이 없는 사람은 투자할 자격이 없다"고 말했다. 그러면 노력하고 공부하면 판단력을 가질 수 있을까? 필자는 가능하지 않다고 생각한다. 그것이 가능했다면 이 세상에는 수많은 워렌 버핏이 있어야 하는데, 세상에는 수많은 재테크 실패자가 있을 뿐이다.

노력한다고 누구나 워렌 버핏이 될 수는 없음에도, 우리는 될 수 있다는 착각을 한다. 아무리 노력해도 박태환이나 이봉주는 될 수 없다고 생각하면서도 워렌 버핏은 될 수 있다고 생각한다. 주당순이익(EPS), 주가수익비율(PER), 주가순자산비율(PBR)을 알고 가치투자의 원칙을 지키면 워렌 버핏이 될 것이라고 생각한다. 이런 착각이 실패의 시작이다.

주식시장은 그리 만만한 것이 아니다. 오죽하면 주식시장의 IQ가 3,000이라는 말이 있을까? 평균 IQ 100밖에 안 되는 인간이 IQ 3,000인 주식시장을 이길 수 있다니, 개가 웃을 일이다. 참고로 개의 IQ는 50이다.

과거를 보듯이 미래를 볼 수는 없다

경제지 증권면에 다음과 같은 머리기사가 자주 등장한다. 증권사의 빗나간 증시 전망은 너무 잦아서 이제는 뉴스도 아니다. 당연히 그러려니 하고, 오히려 맞으면 이

> **두 달 만에 빗나간 증시 전망**
> 증권사들 유구무언
> — ○○신문(2014년 2월)
>
> **2월 증시 전망, 역술인이 '판정승'**
> 3월엔 증권사가 맞출까?
> — ○○신문(2012년 3월)

상하게 여길 정도가 되었다. 증권사만 그런 것도 아니다. 거의 모든 기업들이 연말이면 새해 사업전망과 사업계획을 세운다. 대부분 예측과 결과는 상관관계가 없다.

다음은 대한민국을 초유의 위기로 몰아갔던 IMF 외환위기 때 어느 기업에서 있었던 일이다.

1997년 임원 5명의 끝장 토론, 그 후 — 인간은 과거로부터 결코 배우지 못한다

1997년 여름 어느 금융기관 임원 5명이 '5개년 계획'을 수립하기 위해 머리를 짜내고 있었다. 브레인스토밍, 끝장 토론 등 관

련 회의만 10여 차례.

그리고 고생 끝에 '5개년 계획'을 보기 좋게 완성하고 미루었던 여름휴가를 다녀왔다. 그런데 불과 몇 달 후 '5개년 계획'에 잡히지 않은 사건이 터졌다. 정부가 IMF에 구제금융을 신청한 것이다. 임원 5명은 이 사건 후 회사를 떠났다. 하지만 아이러니한 것은 후임으로 온 임원 5명이 1998년 여름 새로운 '5개년 계획'을 세우기 위해 또다시 회의실에 모였다는 사실이다.

주가를 예측한다는 것은 미래를 읽는 것이다. 그런데 미래 예측이란 것이 가능한 것인가?

"김 과장님! 오를 종목 좀 찍어 줘요. 큰 욕심 없고 한 10%만 벌면 되요."
"저~ 사모님, 그런 종목이 안 보이네요."
"전문가 아니세요? 전문가가 그렇게 말하면 안 되죠~~."

지점에서 흔히 오가는 대화이다. 고객은 김 과장이 마음만 먹으면 오를 종목을 찍을 수 있다고 생각하는 모양이다.

우리를 둘러싼 수많은 변수들, 변수들 사이의 작용과 반작용, 인간의 태생적 한계는 처음부터 미래 예측을 불가능하게 한다. 하지만 사람들은 예나 지금이나, 과거를 알듯이 미래 또한 예측할 수 있다고 착각한다. 이미 일어난 과거는 선명하다. 어떤 일이든 결과를 알고 나면 분명해 보인다. 일이 터지기 전에는 전혀 보이지 않던 인과관계들이 선명하게 드러나고, 그 결과는 삼척동자도 예측할 수 있었던 사건처럼 되어 버린다. 하지만 미래는 그렇지 않다. 미래는 과거와 현재의 연장선 위에 있으나, 완전히 다른 변수들이 개입될 수 있고, 어떤 변수가 개입될지 알 수 없기 때문에 결과도 당연히 모를 수밖에 없다.

미래 예측이 불가능하기 때문에 주가전망도 틀릴 수밖에 없다. 주식시장을 구성하고 있는 변수는 무수히 많다. 기관투자자, 개인투자자, 가치투자자, 데이트레이더, 그리고 기업 가치보다는 투자심리에 관심을 가지고 주가가 오르는 종목을 사고 내리는 종목을 파는 모멘텀 투자자 등 다양한 투자자와 경기, 환율, 금리, 실적, 수급, 재료 등의 변수들이 얽히고설켜 있다. 하나의 특정 변수로 인해 시장이 결정된다고 말하는 것은 지나친 단순화이다.

주가 예측을 시도해 볼 수는 있으나 틀릴 수 있다는 게 진실이다. 우리는 이 진실을 인정해야만 한다. 그래야 비로소 참담한 실패를 피할 수 있다. 최소한 이것만 인정해도 잘못된 예측에 근거해 가진 돈을 모두 한 곳에 쏟아붓는 잘못을 저지르지는 않을 것이다.

리스크 관리에 탁월함을 보였던 월가의 위대한 스승 피터 L. 번스타인은 이렇게 말했다.

> 사람들은 결코 미래가 어떻게 될지 예측할 수 없으며, 미래 예측을 하는 그때가 바로 가장 위험한 순간이 된다.

대박을 꿈꾸며 희박한 가능성에 배팅한다

투자자 A씨는 첫 해에 20%의 수익을 내고 그 다음해에는 −10%의 손실을 냈다. 반면 투자자 B씨는 2년 연속 연 5% 수익을 냈다. 어느 쪽을 투자 모델로 삼을 것인가?

엄밀히 따져 보면 두 사람 중 B씨의 수익률(10.25%)이 높음에도 불구하고, 우리들은 오히려 외관상 화려해 보이는 A씨의 수익률(8.0%)에 더 많은 박수를 보냈다.

3년에 수익률 30%(연 10%)에 현혹되어 손실 위험 −50%를 외면하며 ELS에 가입했고, 10년에 수익률 100%(연 10%)에 솔깃하여 원금이 모두 사라질 수 있는 위험을 모르는 척하며 브라질 국채를 매수했다. 대박을 노렸던 것이다.

단번에 대박이 날 확률은 대통령 선거에 나온 후보가 다른 후보에게 표를 던질 확률보다 낮은데도 불구하고, 우리들은 그것을 꿈꾼다. 장밋빛 청사진에 현혹되어 성공 확률이 낮은 상품에 너무도 쉽게 투자하고 요행을 바라곤 한다.

우리는 자신의 능력을 과대평가해 무모할 정도로 '주식 사고팔기'를 한다. 주식 관련 책 몇 권 달랑 읽은 실력으로 겁없이 실전에 뛰어들고, 기업정보를 전하는 지인의 말 한마디에 수천만 원을 배팅하곤 한다. 나는 주식을 잘 모르고 시간도 없으니 알아서 잘해 달라고 영업 직원에게 모든 걸 맡겨 버리곤 한다. 직원에게 그럴 만한 능력이 있는지, 고객의 이익을 우선해 관리해 줄지 먼저 따져 보지도 않고.

또한 우리는 상대가 누군지 제대로 파악도 하지 않고 경기를 한다. 투기판에서 상대가 타짜라는 걸 안다면 어떻게 하겠는가? 아마 대결을 피할 것이다. 하지만 주식시장에서는 이야기가 다르다. 상대가 타짜인데도 게임을 계속한다. 상대가 눈에 보이지 않기 때문이다.

주식시장은 기관투자자, 슈퍼개미, 데이트레이더 같은 타짜들이 호시탐탐 개미들의 돈을 노리는 정글이다. 비즈니스를 위해서 선량한 투자자의 이익을 희생시킬 수도 있으며, 사욕을 채우기 위해서라면 불법을 저지르는 짓도 주저하지 않는 정글이다. 정글에서는 준비된 자나 힘 있는 자만이 살아남고 나머지는 단지 좋은 먹잇감이 될 뿐이다. 우리는 지금까지 좋은 먹잇감이었다.

● ● ● ●

과도한 자신감을 피할 수 있는 방법은 무엇인가? 매년 적어도 몇 차례는 자신에게 이렇게 말하는 것이다.

"내가 죽었다 깨어나도 시장은 나보다 훨씬 똑똑하다. 투자의 세계에는 나보다 훨씬 훌륭한 장비를 갖추고 영원히 마르지 않는 청춘의 샘을 찾아 헤매는 수백만 명의 투자자들이 있다. 내가 청춘의 샘을 1등으로 찾을 가능성은 높지 않다. 내가 시장을 이길 수 없다면 내가 바랄수 있는 최선은 가능한 비용이 적게 들면서도 효율적인 투자를 하는 것이다."

— 윌리엄 번스타인, 『투자의 네 기둥』

...
모든 것의 시작은 위험하다.

그러나 무엇이든,

시작하지 않으면

아무것도 시작되지 않는다.

— 니체, 『인간적인 너무나 인간적인』

03 해답 찾기

내가 슈퍼맨이 아니라 환상에 빠져 있는 지극히 평범한 투자자에 지나지 않음을 알았다면, 이제 어떻게 해야 할까? 쉽지는 않겠지만 고정관념을 깨고 실현 가능한 해답을 찾는 노력부터 시작해야 하지 않을까?

목표 수익률을 확 낮춘다

위험이 클 수밖에 없는 고수익 상품에 현혹되지 말고 실현 가능한 수익률을 목표로 삼자. 무위험 수익에 노력과 시간의 대가를 더한 정도를 목표로 삼자. 무위험 수익이란 위험 없이 얻을 수 있는 수익을 말한다. 요즘으로 치면 은행의 정기예금 금리(연 2.5% 내외)가 대표적이다. 재테크 지혜가 없더라도 재테크 지식만으로 얻을 수 있는 수익률을 목표치로 정하자.

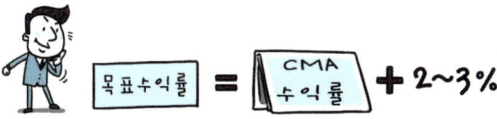

흡족하지 않은 수익률이겠지만, 원금을 손해 보지 않고 매년 이 정도의 수익을 얻을 수 있다면 대단한 것이다.

얼핏 보면 1%의 차이는 대수롭지 않지만, 시간이 지날수록 그 격차는 커진다. 최근 한국투자증권의 조사에 따르면, 1억원을 각각 연 금리 2.5%인 A 예금과 연 금리 3.5%인 B 예금에 10년간 묻어둔 경우, 원금과 이자의 합계는 A 예금은 1억 2,800만원, B 예금은 1억 4,106만원이다. 금리가 1% 차이인데, 이자수익은 1,306만원이나 차이가 나는 것이다(원금의 13%).

20년 후에는 이자수익의 차이가 더 커진다. 20년 후 A 예금에 묻어둔 1억원은 1억 6,386만원이지만, B 예금의 1억원은 무려 1억 9,898만원으로 늘어난다. 이자의 차이는 3,512만원으로 당초 원금의 35%를 웃돈다.

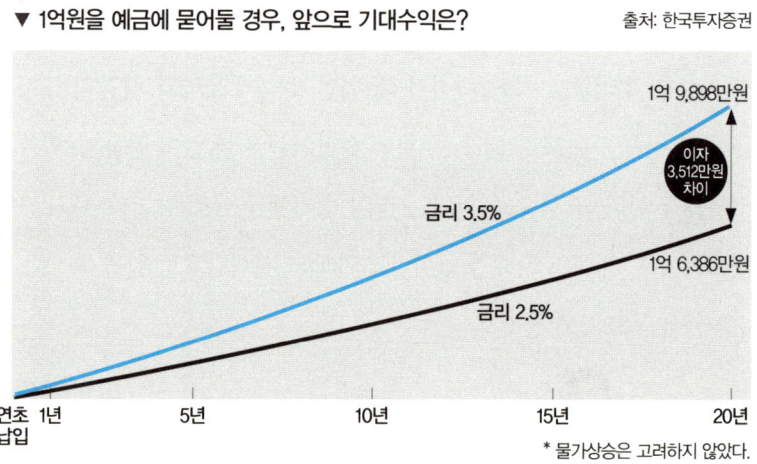

▼ 1억원을 예금에 묻어둘 경우, 앞으로 기대수익은?   출처: 한국투자증권

* 물가상승은 고려하지 않았다.

0.1%를 소중하게 여긴다

　　　　우리는 일상생활에서 단돈 1만원이나 0.1%를 소홀히 취급하는 경우가 흔하다. 2,000만원짜리 승용차를 구입할 때 1만원을 더 깎으려고 애쓰는 사람은 찾아보기 힘들다. 필자는 재테크 마인드가 있는 사람이라면 할인을 한푼이라도 더 받으려고 애써야 한다고 생각한다. CMA 통장에 1억원을 넣어두면 하루 이자가 얼마인지 아는가? 세금 제하고 5,000원밖에 안 된다. 1만원이면 이틀치 이자이다.

공모주 청약을 빌려 사례를 한 가지 더 들어 보겠다. 요즘 공모주 청약의 경쟁률이 무척 높다. 500대 1을 넘기는 경우가 다반사이다.
　필자가 높은 경쟁률에도 불구하고 공모주 청약을 해야 한다고 얘기하면, 경험이 없는 사람들은 1억원이나 되는 큰돈으로 "청약해 봐야 배정을 몇 주 받지도 못하는데 괜한 헛고생할 필요가 있겠냐?"며 반박한다. 하지만 그게 그렇지가 않다. 배정을 몇 주밖에 받지 못해 차익이 불과 5~10만원에 그치는 경우가 다반사이지만, 그래도 필자는 남는 장사임을 확신한다.
　청약 환불금이 이틀 후에 들어온다면 1억원에 대한 기회비용은 이틀치 이자인 1만원이다. 차익이 5만원이라면 열흘치 이자이고, 5배나 더 번 장사를 한 셈이 된다. 5만원, 즉 0.05% 수익이 10번, 20번 쌓이면 0.5%, 1%가 된다. 티끌 모아 태산이다. 이것이 0.1%를 소홀히 할 수 없는 이유이다.

▼ 1억원으로 청약했을 때 얻는 수익

청약 횟수	1회	10회	20회	30회	40회
회당 수익 5만원	5만원	50만원	100만원	150만원	200만원
회당 수익 10만원	10만원	100만원	200만원	300만원	400만원

대형주 상장 시에는 한 번에 0.5~1%의 수익이 나기도 하기 때문에 실제 수익률은 이보다 높게 나오는 경향이 있다.

 쿠쿠전자, 공모주 청약—단 2일에 141일치 이자를 벌다

전기압력밥솥 제조업체로 유명한 쿠쿠전자가 2014년 8월 시장에 상장되었다. 공모금액이 2,500억원인 대형주로 공모가는 10만 4,000원, 청약 경쟁률은 175대 1, 상장 첫날 시초가는 18만원이었다. 만약 1,000주를 신청했다면 6주를 배정받는다. 그렇다면 수익률은 얼마나 될까?

투자원금: 1,000주 × 104,000원 × 0.5 = 5,200만원
　　　　　신청 수량　공모가　청약 증거금율: 50%

투자수익: (180,000원 − 104,000원) × 6주 = 456,000원
　　　　　　시초가　　　공모가　　배정 주수

투자수익률: 456,000원 ÷ 52,000,000원 × 100 = 0.87%

쿠쿠전자 청약의 투자수익률은 단 2일 만에 0.87%이다. 청약 증거금 5,200만원을 단 2일 동안 묶어둔 대가로 얻은 수익률이다. 0.87%는 CMA 이자 141일치에 해당된다.

나와 궁합이 맞는 상품만 투자한다

시장에는 다양한 재테크 상품이 있다. 은행예금, 주식, 채권, 보험, 공모주 청약, 부동산 경매, 오피스텔 임대, 재건축 투자, 아파트 청약 등. 능력의 한계로 모든 상품에 대해 잘 알 수는 없기 때문에, 내가 가장 잘 알고 자신 있는 투자 대상에 투자해야 성공 확률이 높다.

재테크는 눈에 보이지 않는 적과 벌이는 전투이다. 기관투자자, 슈퍼개미, 개인투자자, 가치투자자, 모멘텀 투자자, 데이트레이더 등이 나의 상대가 된다. 이 전투에서 이겨야 전리품으로 수익을 챙길 수 있다.

승산이 높은 전투를 하려면 내가 가장 잘할 수 있고, 상대가 약한 곳을 찾아야 한다. 돈이 되는 곳이면 실력자들이 뛰어들기 때문에 그런 곳을 찾기란 쉽지 않다. 하지만 틈새는 늘 있게 마련이다.

김 할머니가 일편단심 공모주에 투자하는 이유

김 할머니는 일흔이 넘은 나이에도 증권사 지점 출입이 잦다. 이제 코스피나 코스닥 지수가 뭔지 정도는 알지만, 다른 어려운 증권용어들은 모를 뿐더러 관심도 없다. 그래도 지점을 드나드는 이유는 공모주 청약 때문이다.

김 할머니는 친구의 권유로 공모주 투자를 시작했는데, 벌써 20년이나 되었다. 주변에서는 노인네가 주식투자를 하다가 있는 돈 다 날릴까 봐 걱정하지만, 김 할머니는 무시한다. 나름 확신이 있기 때문이다. 공모주 청약만큼은 누구보다 잘 안다는 자신감에서 나오는 확신 말이다.

김 할머니는 지난 20년 동안 단 한 해도 손실을 보지 않았고, 저금리 시대인 요즘도 연 7%의 수익률을 거뜬히 낸다.

가끔 몸이 아플 때면 '오피스텔을 몇 채 사서 월세나 받을까?' 생각하다가도 세입자 관리가 성가시고, 이것저것 제하면 수익률이 연 4% 정도밖에 안 되어 그런 생각을 접는다. 오늘은 BGF 리테일 청약이 있는 날! 김 할머니는 일찌감치 아침을 먹고 집을 나선다.

안전자산은 직접투자, 위험자산은 간접투자

안전자산은 직접투자를 하고, 위험자산은 간접투자를 하자. 이유는 능력의 한계와 비용 때문이다. 공모주, 우량 채권, 예금 같은 안전자산은 개인투자자라고 할지라도 노력하면 좀 더 좋은 상품을 선별할 수 있다. 인터넷 서핑, 금융기관 방문, 경제신문 구독을 통해 정보를 구하면 금리나 수익률이 0.1%라도 높은 상품을 찾을 수 있다.

'능력' 못지않게 '비용'도 중요한 이유이다. 안전자산의 경우, 상품을 고를 때 수익률 0.1~1%의 차이가 선택을 결정짓는다. 그런데 간접투자를 하면 수수료가 보통 1% 정도이므로 이런 수익률의 차이를 상쇄해 버린다. 그래서 안전자산은 직접투자를 해야 경쟁력이 있다.

하지만 주식 같은 위험자산은 간접투자상품을 활용하는 것이 효과적이다. 개인투자자가 1,800개가 넘는 상장기업의 내용을 꿰고 있기도 어렵고, 정보력과 분석력을 갖춘 금융기관, 연기금, 투자회사 등 기관투자자나 외국인을 상대로 싸워 이길 확률은 더더욱 낮다. 또한 나이가 들수록 판단력은 더욱 흐려지는 경향이 있다.

다음의 기사는 목돈을 가진 장년층에게 시사하는 바가 크다.

○○신문　　　　　　　　　　　　　　　　　　　　　2011년 4월

투자수익률이 가장 낮은 연령층은?

45~54세 가장 높고, 55세 이상 가장 낮아

한국금융투자협회가 1월에 발표한 투자자 실태 조사에 따르면, 작년 55세 이상 주식투자자의 연평균 수익률은 2%에 불과했다. 전 연령층에서 가장 낮은 수치였다.
반면 45~54세 투자자의 평균 수익률은 5.5%로 가장 높았다. 또한 34세 이하, 35~44세 연령층도 55세 이상 연령층보다 수익률이 꽤 높았다.

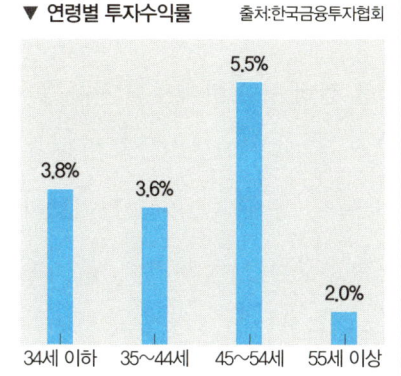

▼ 연령별 투자수익률　출처:한국금융투자협회

최근 미국 스탠퍼드대학과 노스웨스턴 경영대학원이 발표한 흥미로운 조사결과에서도 이런 현상을 발견할 수 있다.

연구팀은 19~85세 남녀를 대상으로 모의 주식게임을 했는데, 고령자층의 경우, 이치에 맞지 않는 투자판단을 내리는 경향이 뚜렷했다. 이들은 투자결정을 할 때, 신경전달물질인 도파민의 분비량이 다른 연령층에 비해 크게 늘어나는 경향이 나타났다. 이런 조사를 감안한다면, 50대 중후반에 진입하는 베이비붐 세대는 노후자산을 지키기 위해 투자에 더욱 신중해야 할 것으로 보인다.

펀드로 대표되는 간접투자상품의 장점을 살펴보자.

첫째, 경제지식과 실전경험이 풍부한 전문가가 운용한다. 둘째, 전문가가 운용을 대신하므로 개인투자자는 그만큼 시간과 노력을 절약할 수 있다. 셋째, 여러 종목으로 분산투자를 하여 위험을 줄여 준다. 넷째, 시세차익에는 세금이 붙지 않는다.

하지만 어떤 간접투자상품을 선택하느냐에 따라 결과는 사뭇 다르게 나타난다. 운용하는 펀드매니저와 회사에 따라서, 또는 투자시점에 따라서 수익률은 천차만별이다. 결국 투자자가 어떤 펀드를 선택하느냐가 중요해진다.

상품 선택 시 고려해야 할 사항 중 단 하나만 지목하라면, 필자는 '사람'을 꼽겠다. 펀드매니저가 어떤 투자철학과 원칙을 가지고 있으며 어느 정도의 수익률을 기록하고 있느냐가 중요하다. 또한 간접투자상품을 권유하는 영업직원이 고객의 이익을 우선하고 있는지, 시장의 흐름을 읽고 상품을 분석할 능력을 갖추고 있는지가 중요하다. 어차피 일반 투자자는 이들의 도움을 받아야 하기 때문이다.

투자의 관심 대상을 넓힌다

평소 관심을 가지고 관찰하는 투자 대상을 주식, 채권 같은 증권에만 두지 말고 그 범위를 넓히자. 증권사에서 증권만 추천한다고 그것만 투자해서는 안 된다. 부동산에도 관심을 가지자. 여력이 되면 환율이나 원자재 시세에도 눈길을 주자. 다양한 것을 접하다 보면 기회를 발견하게 된다. 그렇다고 전문서로 깊게 공부하라는 것이 아니다. 경제신문 하나면 충분하다. 신문에서 각종 재테크 정보를 손쉽게 얻을 수 있다. 재테크에는 깊이 아는 것보다는 넓게 아는 것이 더 필요하다.

부동산을 사례로 들어보자. 반드시 큰돈이 있어야 부동산 투자를 할 수 있는 것은 아니다. 적은 돈으로 투자할 수 있는 상품도 있다. 바로 주택청약종합저축이다. 매월 일정금액(2만~50만원)을 1년간 불입하면 신규 아파트 청약자격을 얻을 수 있는 상품이다. 이 통장만 있으면 인기 있는 지역의 분양 아파트에도 청약할 수 있다. 물론 청약 경쟁률이 높아 당첨이 쉽지는 않다. 하지만 아무리 경쟁률이 높아도 100대 1 이하다. 로또 복권 당첨을 꿈꾸는 것보다는 훨씬 현실적인 배팅이다.

팁을 한 가지 알려주겠다. 원하는 지역에 계속 청약을 하라. 그러면 당첨 확률이 올라간다. 10번 청약하면 50대 1이 5대 1로 낮아진다. 이렇게 확률을 높인 후에는 행운을 기다리면 된다. 설령 당첨이 되지 않아도 불입금에 정기예금 이자가 붙기 때문에 전혀 밑질 것이 없다.

　노후에 가장 도움이 되는 최고의 부동산 상품인 주택연금도 아침에 읽는 신문기사에서 힌트를 얻을 수 있다. 필자의 경우를 예로 들어보겠다.

주택연금으로 스트레스를 날리다

3년 전 신문에서 주택연금에 관한 기사를 처음 읽었다. 당시 필자의 부모님은 아파트 1채와 약간의 현금만 있었는데, 매월 생활비를 보유 현금에서 충당하고 있었다. 살아갈 날은 많은데 현금이 나날이 줄어드니 스트레스가 이만저만이 아니었다. 그때 주택연금이 그 고민을 해결해 주었다.

필자는 주택연금 관련 정보들을 수집하고, 한국주택금융공사 담당직원과의 전화통화를 통해 여러 가지를 확인했다. 그런 다음에 마침내 부모님을 주택연금에 가입시켜 드렸다. 3년이 지난 지금, 부모님은 매월 은행계좌에 들어오는 연금에 행복해 하신다.

직업은 새로운 자산이다

가계에 보탬을 주고 노후를 준비하기 위해 재테크가 필요하긴 하지만, 재테크만으로 생활비를 벌고 노후를 준비할 수 있다고 생각하면 큰 오산이다.

실패로 끝난 전업투자, 그 후

나이 40세에 종잣돈 3억원으로 전업투자를 하기 위해 회사를 떠난 A씨가 있었다. 주식이라면 남들보다 자신 있던 그는 4인 가족 생활비에 해당하는 연 3,000만원(월 250만원×12개월) 정도는 쉽게 벌 수 있다는 계산으로 전업투자의 길로 들어섰다.

처음 2년은 순조로웠다. 하지만 시장이 나빠지자 생활비는 고사하고 원금을 까먹기 시작했다. 결국 그는 전업투자 4년 만에 종잣돈 3억원 중 2억원을 날리고 새로운 일자리를 알아보러 다녔다.

여의도 소재 오피스텔 입주자의 10%가 전직 증권맨이라는 이야기가 있을 정도로, A씨와 같은 사람이 생각보다 많다. 그중에는 성공한 사람도 정말 가뭄에 콩 나듯 있을 수 있다. 하지만 거의 대다수는 다음 달 월세를 걱정하는 신세이다. 우리 중에 종잣돈을 투자해서 시장상황에 관계없이 꾸준하게 수익을 낼 수 있는 사람이 과연 몇 명이나 있겠는가?

재테크 부자?, 내가 만난 진짜 부자들

필자는 청담동과 역삼동에 있는 고액 자산가 전담 점포에서 PB와 지점장으로 일을 했기 때문에 수백 명의 부자들을 접할 수 있었다.

그런데 금융자산이 적게는 수억 원에서 많게는 수백억 원인 부자들 중에서 '오로지 재테크만으로' 부자가 된 사람은 단 한 사람도 보지 못했다. 3년 만에 주식으로 100억원을 벌었다거나, 경매로 성공해서 강남에 빌딩만 몇 채를 가지고 있다는 것은 단지 책에나 나오는 이야기였다.

대부분의 부자는 재테크로 돈을 번 것이 아니다. 자신만의 노하우와 노력으로 사업을 일으켜 부자가 되었거나, 본업에 매우 충실하여 고액 연봉을 받은 사람이거나, 부모로부터 많은 재산을 물려받은 경우였다. 한때 재테크 입문서로 각광받았던 『부자 아빠, 가난한 아빠』의 저자 로버트 기요사키가 부자가 된 방법은, 자신이 책에서 제시한 재테크 비법이 아니라 저술과 강연 수입이었다지 않던가.

삼성전자 임원이 부자가 된 방법은 고액 연봉과 스톡옵션(회사가 임직원에게 일정량의 주식을 매입해서 시장에 처분할 수 있도록 부여한 권리. 성과급과 보너스의 일종이기도 하다)이지, 재테크가 아니다. 펀드매니저가 부자가 된 방법 역시 재테크가 아니라 고액 연봉과 펀드 운용에 따른 성과보수이다. 이들 모두 재테크가 아니라 본업에 충실했기 때문에 부자가 된 것이다.

월급 200만원은 예금 10억원과 맞먹는다

금리 2.5% 시대에 월 100만원의 소득은 자산 약 5억원과 같은 효과가 있다. 5억원을 은행에 예금하면 월 100만원의 이자를 받을 수 있다. 만일 금리가 2%로 내려간다면 월 100만원을 받으려면 은행 예금이 6억원이어야 한다. 그래서 '직업은 새로운 자산'이라는 말이 나온다.

안정된 삶을 위해서는 꾸준하게 들어오는 현금흐름이 중요하다. 재테크처럼 성과가 들쭉날쭉하지 않고, 월급처럼 꾸준히 통장에 들어오는 현금이 반드시 필요하다. 꾸준한 현금 유입은 재테크가 아니라 본업에 충실할 때 가능하다.

재테크, 환상을 버릴 때가 되었다.

재테크는 부자가 되는 비법이 아니라 그저 남들보다 조금 더 벌 수 있는 방법이고, 누구나 돈을 벌 수 있는 투자비법 같은 것은 없으며, 은행 정기예금 금리 이상의 수익을 내기가 결코 쉽지 않고, 손실 위험은 누구에게나 똑같이 찾아오며, 영업직원이 고객보다 본인의 이익을 우선할 수도 있다는 사실을 명심해야 한다.

● ● ● ●

케인즈는 이렇게 말했다. "세속적인 지혜는 이렇게 가르친다. 전통적인 방식으로 실패하는 것이, 비전형적인 방법으로 성공하는 것보다 평판을 얻기에는 더 좋다." 인간은 군중의 일부가 되는 것을 좋아한다. 무리 속에서 우리는 안전과 안도를 부여받는다.

— 마이클 모바신, 『미래의 투자』

조금만 더 생각해 볼까요?

공모주 및 재테크 고수들의 CMA 통장 활용법

공모주 투자에서 CMA 통장을 어떻게 활용하는가는 매우 중요하다. 공모주 투자에 대해 본격적으로 알아보기 전에, 일단 CMA 통장의 100% 활용법부터 알아보자. 이것은 단순히 공모주 투자뿐만 아니라 모든 재테크의 기본이며, 월급쟁이나 은퇴자나 꼭 알아야 할 기본 지식이다.

▼ CMA의 종류

구분	운용 대상	예금자보호 여부	금리
❶ RP형	국공채, 은행채, 회사채	X	확정금리
❷ MMW형	우량 금융기관의 단기채권, 어음	X	변동금리
❸ MMF형	국공채, 은행채, 회사채	X	변동금리
❹ 종금형	종금사 발행어음	O	확정금리 메리츠종금증권만 취급

❶ **RP형** | 국공채, 은행채, 회사채에 투자하는 안정성 높은 확정금리 상품이다. RP란 일정기간 후에 다시 매입한다는 조건으로 채권을 매도하여 단기적으로 자금을 확보하는 상품이다. 즉 증권사가 보유하고 있는 우량 채권을 일정기간 후에 다시 되사기로 하고 고객에게 팔고, 그 기간에 따라 확정금리를 지급하는 것이다.
❷ **MMW형** | 원금과 이자가 매일 우량 금융기관의 단기채권과 어음에 재투자되어 복리효과를 얻는다.
❸ **MMF형** | RP형처럼 국공채, 은행채, 회사채에 투자하나 실적에 따라 배당되는 점이 다르다.
❹ **종금형** | 메리츠종금증권에서만 취급하는 확정금리형 CMA 상품이다.

CMA(종합자산관리계좌)는 하루만 넣어도 은행 예금보다 높은 이자가 붙는 상품으로 증권사에서 가입하면 된다. 고객이 맡긴 돈을 채권이나 어음에 투자하여 그 수익을 고객에게 돌려주는 실적배당형 투자상품이다.

요즘 CMA의 금리는 보통 연 2.25% 수준으로 은행 1년 만기 정기예금 금리(연 2.5% 수준)와 별 차이가 없다. 그럼에도 불구하고 수시 입출금이 가능하여 필요하면 언제든지 출금할 수 있기 때문에, 대기자금을 효과적으로 운용하여 전체 수익률을 올리는 데는 매우 적합한 상품이다.

높은 금리의 CMA 상품 찾는 법

CMA도 취급하는 증권사에 따라 금리가 다르다. 이왕이면 금리가 0.1%라도 높은 상품에 가입하는 것이 재테크의 시작이다. 재테크 포털 '모네타'에서 정보를 얻을 수 있다.

1. 모네타(www.moneta.co.kr)에 접속한 후 상단 메뉴에서 **[최고금리]** 메뉴를 누른다.

2. 최고금리 화면이 열리면, 왼쪽 메뉴에서 **[수시입출식]**을 클릭한다. 그러면 각 금융기관별 CMA 금리를 비교해 볼 수 있다.

화면을 보면 증권사별 CMA 금리(2014년 9월 현재)는 2.15~2.5%로 차이를 보인다. CMA 수익률이 0.35%가 차이가 난다면, 원금이 1억원이라면 이자 차이가 연 35만원이다. 티끌 모아 태산이다. 적은 돈도 꼼꼼히 관리하는 습관을 가져야 하므로, CMA 통장을 개설할 때는 꼭 금리도 체크하자.

공모주 투자를 위한 CMA 통장의 3가지 활용법

CMA 통장은 수시 입출금이 가능하므로 단기자금을 운용하기에 적합하다. 예를 들어 2개월 후 전세사금을 올려주는 데 써야 할 돈이라면, 그때까지 CMA 통장에 넣어 연 2.25% 이자를 챙기면 된다.

CMA 통장은 모든 투자의 출발점이 되는 베이스캠프로 활용할 수도 있다. 일단 돈이 생기면 CMA 통장에 넣은 다음에 투자할 만한 상품이 생길 때 인출하여 사용하면 편리하다.

공모주 투자를 할 때는 지금부터 소개하는 CMA 통장 활용법 딱 3가지만 기억해 두면 된다.

1. 공모주 투자 등을 위해 CMA 통장을 만들 때는 MMF형은 가입하지 않는 게 좋다. MMF형은 RP형이나 MMW형에 비해 금리가 현저히 낮다.

◎ CMA 통장을 만들 때 MMF형으로는 가입하지 않는다.

2. CMA 통장은 종금형을 제외하고는 예금자보호가 되지 않는다. 평소에는 문제가 없지만, 2008년과 같은 금융위기가 닥치면 증권사의 재무건전성이 중요해진다. 종금형은 5,000만원 이내로 가입해서 예금자보호를 받으므로 이런 시기에도 걱정할 필요가 없다. 하지만 다른 형태의 CMA 통장에 들 때는 다음을 꼭 기억해야 한다.

◯ CMA 통장에 가입할 때 RP형, MMW형을 선택한다면, 우량 증권사에서 계좌를 개설해야 한다.

3. 보통 위탁 계좌에 입금이 되면, 투자자가 직접 CMA 계좌로 돈을 옮겨야 이자를 받을 수 있어 불편하다. 그러므로 계좌에 현금이 있으면 자동으로 CMA 매수가 되는 상품에 가입하는 게 좋다.

◯ CMA 계좌와 주식 거래 위탁 계좌를 서로 연계시키는 것이 좋다.

▼ 위탁 계좌와 연계된 CMA 추천 상품

NH투자증권 옥토 CMA	신한금융투자 CMA	신영증권 CMA

. . .

파우스트 박사는 탄식한다.

"인간은 막상 필요한 것을

알지 못하고,

필요없는 것만

잔뜩 알고 있는 것을"

― 요한 볼프강 폰 괴테, 「파우스트」

04 해답은 '저위험/중수익' 상품에 있다

K씨가 공모주 투자를 시작한 이유

정년을 1년 남겨둔 K씨, 요즘 마음이 스산하다. 지난 28년간 한눈팔지 않고 직장생활을 한 덕분에 모아둔 돈은 좀 있지만 노후 고민이 되기는 마찬가지다. 30년 이상 남은 여명기를 어떻게 대비해야 할지 생각해 보면 막막하기만 하다.

주식을 하자니 5년 전 아내 몰래 3,000만원을 투자했다가 절반도 못 건진 아픈 기억이 발목을 잡는다. 주위에서 권하는 오피스텔에 투자하자니 세금, 건강보험료, 사업자 등록, 세입자 관리 등 너무 복잡해서 내 스타일은 아닌 것 같다. 그렇다고 저축은행의 정기예금에 계속 넣어 두자니 그것만으로는 부족해 보인다. 그러다가 최근 신문에서 공모주 투자가 안전하면서도 수익도 쏠쏠하다는 기사를 보고 공모주 청약에 대해 한번 조사해 보기로 마음먹었다.

금융상품을 안정성과 수익성 기준으로 나누면

금융상품은 안정성과 수익성을 기준으로 고위험/고수익, 중위험/중수익, 저위험/중수익, 무위험/저수익 상품으로 분류할 수 있다.

▼ 안정성과 수익성에 따른 금융상품 분류

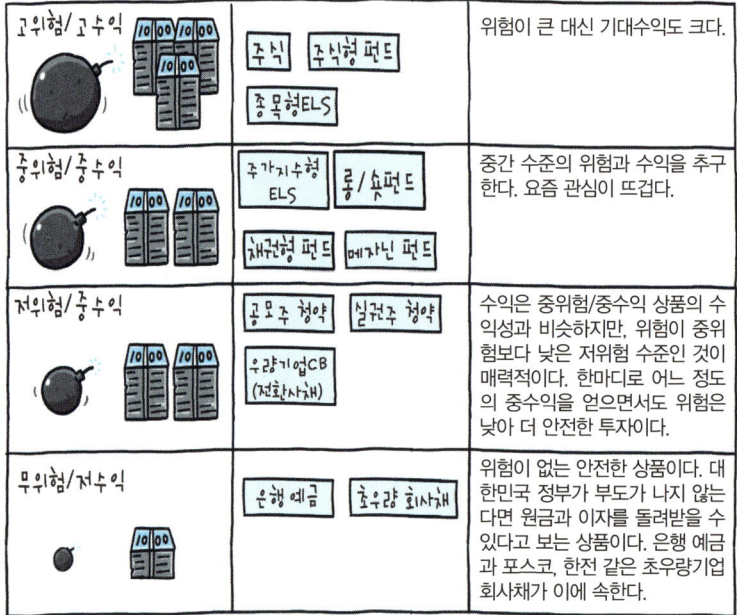

이중에서 저위험/중수익 상품은 필자가 가장 선호하는 상품으로 대표상품으로는 공모주 청약, 실권주 청약, 우량기업 CB(전환사채) 등이 있다.

중위험/중수익 상품은 어떤 것이 있나?

요즘 '중위험/중수익' 상품이 재테크 시장의 대세이다.

위험도 중간, 수익도 중간인 상품이 주목받고 있는 것이다. 중위험/중수익의 대표 상품에 대해 알아보자.

인기를 모으는 주가지수형 ELS

지수형 ELS는 기초자산인 주가지수가 앞으로 50~60% 이상 급락하지 않으면 수익을 내는 구조로 보통 5~7% 정도의 수익을 제시한다. 기대수익률이 종목형 ELS에는 미치지 못하지만 위험이 적기 때문에 인기를 모으는 상품이다.

증시 흐름과 관계없이 수익을 내는 롱/숏 펀드

롱/숏 펀드는 증시 흐름과 관계없이 주가지수가 떨어지는 상황에서도 수익을 내는 것을 목표로 한다. 주가가 오를 것으로 예상되는 주식은 사고(Long), 주가가 내릴 것 같은 주식은 공매도(미리 빌려 파는 것; Short)를 해서 차익을 남긴다. 주가지수가 박스권에서 오르내릴 때 상대적으로 수익률이 좋다.

고액 자산가에게 인기 있는 메자닌 펀드

메자닌 펀드는 고액 자산가들에게 꾸준히 주목받는 중위험/중수익 상품이다. 메자닌(Mezzanine)은 건물 1층과 2층 사이에

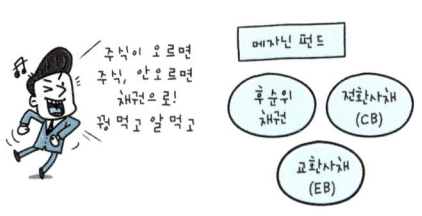

있는 라운지 공간을 가리키는 이탈리아어이다. 금융시장에서는 채권과 주식의 중간 위험 단계에 있는 상품, 즉 후순위채권, 전환사채(CB), 교환사채(EB) 등에 투자하는 상품을 말한다.

2005년 국내에 처음 소개될 때만 해도 주로 기관투자자에게만 판매되었으나, 몇 년 전부터는 일반투자자도 투자하기 시작했다. 주로 2~3년 만기의 메자닌 증권에 투자한 후 만기 전에 기회가 있으면 매도하여 시세차익을 챙기고, 매도 기회가 없으면 만기까지 보유하여 이자수익을 올린다.

중위험/중수익 상품에 대한 높은 관심은 폭발적인 자금 유입으로 연결되었다. 중위험/중수익 상품의 바람이 불기 시작한 2013년에는 특히 롱/숏 펀드에 자금이 많이 들어왔다. 2012년 말 기준 2,000억원에 불과했던 설정액이 2조 5,000억원까지 늘었다. 최근에는 주가지수형 ELS에 자금이 몰린다. 2014년 1~5월에 총 ELS 발행물량은 23조 3,000억원인데, 그중 96%가 주가지수형 ELS였다. 몇 해 전까지만 해도 대부분을 차지했던 종목형 ELS는 4%에 불과했다.

중위험/중수익 상품에 돈이 많이 몰리는 이유

중위험/중수익 상품에 자금이 몰리는 것은 금융기관들이 저성장, 저금리 시대로 접어들면서 주력 판매상품을 '고위험/고수익' 상품에서 '중위험/중수익' 상품으로 바꾼 것이 고객의 요구와 맞아떨어졌기 때문이다. 고성장 엔진이 멈춘 지 오래되었고, 은행에 넣어두면 연 5% 이상의 이자가 나오던 좋은 시절은 진즉에 끝났다!

주식 같은 투자상품에 손을 댔다가 큰 손실을 보았던 아픈 기억 때문에, 고위험 상품에는 선뜻 투자할 용기가 나지 않는다. 그렇다고 연 3%도 안 되는 확정이자 상품에 넣어 두자니 노후준비에 턱없이 부족할 게 뻔하다. 그래서 위험도 중간, 수익도 중간인 중위험/중수익 상품이 인기를 끈 것이다. 그런데 과연 이들 상품이 개인투자자의 요구를 제대로 채워 주었을까? 필자는 그렇지 않다고 생각한다.

중위험/중수익 상품은 미끼였다

중위험/중수익으로 믿고 가입했던 상품이 어느 날 갑자기 고위험/중수익 상품이 되어 버린다면 얼마나 황당할까!

종목형 ELS의 배신

2011년 시장에는 ELS 열풍이 불었다. 2011년 3월 1조 1,300억원, 4월 1조 1,160억원 등 한 달에 1조원씩 발행물량이 쏟아지면서, 상반기에만 5조 8,000억원에 달하는 종목형 ELS 상품이 팔려나갔다.

하지만 이후 주가가 급락하면서 문제가 발생했다. 2011년 5월 2200선까지 올랐던 코스피 지수가 불과 석 달 뒤인 8월, 그리스 디폴트(Default; 채무 불이행) 이슈가 불거지면서 급락하기 시작해 1700선까지 내려갔다. 특히 코스피 상승세를 주도했던 '차화정'(자동차·화학·정유) 종목 중에서 '화·정'(화학·정유) 대표 종목들의 하락은 그 후에도 계속되었다.

2014년 6월 초 기준으로, 지난 3년 동안 이들 종목의 하락폭은 엄청나다. 롯데케미칼, 에쓰오일, 금호석유화학, 한화케미칼, SK이노베이션, GS 같은 화학·정유주의 낙폭은 50~70%대이다. 당연히 이들 종목을 기초로 만든 ELS들은 이미 50% 이상의 손실을 확정지었거나 확정짓는 중이다.

2011년 당시 종목형 ELS는 중위험/중수익 상품으로 분류되었다. 약간의 위험을 부담하는 대신에 은행 예금보다 다소 높은 수익을 얻을 수 있다고 고객을 끌어들였던 상품이다. 하지만 고객들은 '약간의 위험'이 '원금의 절반 이상을 날리는 위험'이 되어 버린 현실 앞에 망연자실했다. 이제 금융기관은 종목형 ELS를 중위험/중수익 상품으로 분류하지 않는다. 그런다고 이미 확정된 투자자들의 손실이 없어지지는 않겠지만.

▼ **지난 3년간 화학주 주가 차트**　　　　　　　　　　기준: 2014년 6월 초

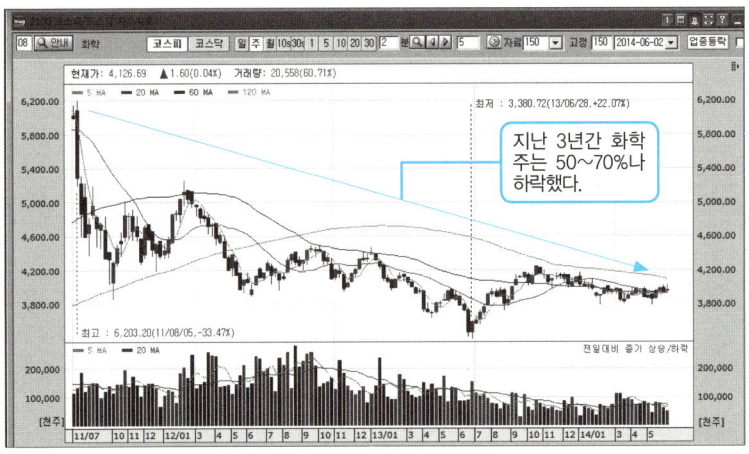

불안한 브라질 국채

브라질 국채에 대해 들어본 적이 있는가? 비과세로 기대수익률이 연 10%에 달하는 해외 채권이다. 몇 년 전부터 삼성증권, 미래에셋증권, KDB대우증권 같은 대형 증권사의 PB 점포에서 선풍적인 인기를 끌며 4조원 가까이 팔려나간 상품이다.

하지만 2013년 브라질 채권 투자자들은 가슴을 졸여야 했다. 브라질 경제가 침체를 거듭하고 물가까지 치솟으며, 브라질 화폐인 레알화는 2013년 4월부터 6월까지 불과 3개월 사이에 달러 대비 12%나 폭락한 것이다. 이로 인해 브라질 국채 투자자들은 큰 폭의 평가손실을 보아야 했다. 물론 만기가 많이 남아 만회할 희망은 있지만, 혹시 브라질이 잘못되기라도 하면 어쩌나 하는 불안감은 떨칠 수가 없었다.

은행이나 증권사의 PB들은 브라질 국채를 판매할 때 국가 부도 가능성은 거의 없고, 약간의 환율 변동성만 감수한다면 연 10%의 수익을 얻을 수 있는 상품이라고 설명했을 것이다. 바로 '중위험/중수익' 상품으로 판매한 것이다.

그런데 불과 몇 년도 지나지 않아 극심한 환율 변동성을 경험해야 했고, 혹시나 모를 국가 부도사태에 마음을 졸였다면 애초부터 상품 분류가 잘못되었던 것이 아닐까? 브라질 국채는 '고위험/중수익' 상품으로 분류하는 것이 맞았다는 게 필자의 생각이다.

최근 브라질의 상황이 다소 호전되고는 있다. 브라질에 대한 우려보다는 희망이 커지고 있다. 하지만 만기까지는 아직 많은 시간이 남아 있어 불안감을 완전히 떨칠 수는 없다. 1~2년짜리 상품이 아닌 10년짜리 상품을 판매할 때는 리스크에 대해 좀 더 신중하게 검토해야 하지 않을까!

해답은 '저위험/중수익' 상품에 있다

안정성과 수익성을 동시에 원하는 투자자의 요구를 정확하게 충족시킬 수 있는 상품은 '중위험/중수익'이 아니라 '저위험/중수익' 상품이다. '저위험'이어야 유사시에도 원금을 지킬 수 있고, '중수익'이어야 수익 욕구를 채워 줄 수 있기 때문이다.

그런데 금융기관은 이런 저위험/중수익 상품을 거의 공급하지 않는다. 그 대신 중위험/중수익 상품을 집중적으로 공급한다. 그 이유가 궁금해진다.

저위험/중수익 상품을 덜 권하는 3가지 이유

저위험/중수익 상품이 여러 장점이 있음에도 불구하고, 금융기관이 많이 공급하지 못하는 이유는 무엇일까?

첫째, 저위험/중수익 상품은 판매마진이 적다. 금융기관은 이왕이면 판매마진이 큰 상품을 선호할 수밖에 없다.

저위험 상품일수록 마진이 박하다. 기대수익률이 연 2~3%인 만기 1년의 채권을 팔아서 마진을 얼마나 챙길 수 있겠는가? 기껏해야 0.5% 이하일 것이다. 적어도 기대수익률이 연 6% 이상이거나 만기가 3년 이상은 되어야 마진을 1% 이상 받을 수 있다. 그래서 금융기관들은 만기가 긴 브라질 국채, 물가연동채권(물가가 오를수록 채권가격이 올라가는 10년 만기 국채)을 적극적으로 파는 것이다.

둘째, 저위험/중수익 상품은 시장에 자주 나오지 않으므로 물량 확보가 어렵다. 우량기업 전환사채(CB)[195쪽]는 일년에 어쩌다 한 번 나온다. 그것을 상품화해서 고객에게 팔기에는 물량이 너무 적다.

셋째, 저위험/중수익으로는 고객의 기대치를 충족시키기 어렵다. 고객들은 위험자산에 투자해서 번번이 손실을 입으면서도 여전히 고수익을 선호한다. 그들은 아직도 환상에 사로잡혀 있고, 금융기관 입장에서는 그런 고객들이 그저 고마울 따름이다.

저위험/중수익 상품, 직접 찾아서 투자해야 한다

금융기관이 저위험/중수익 상품을 공급하지 못한다면, 투자자가 직접 찾아서 투자하는 방법밖에 없다. 쉽지는 않지만 시간과 노력을 들이면 그런 상품을 찾을 수 있다. 시장에 많지는 않지만 분명히 존재하는 것이 저위험/중수익 상품이다. 공모주 청약, 실권주 청약, 우량기업 CB 등이 바로 그것이다. 2장에서 이들에 대해 자세히 알아보겠다.

● ● ● ● ●

> 아무리 부자라 해도 증권거래소에서 잃을 수 있는 한도만큼의 부를 축적한 사람은 없을 것이다. 닉 리슨은 그 유명한 베어링 은행을 단 며칠 만에 망하게 했으며, 앙드레 시트로앵(시트로앵 자동차 창업자) 역시 몬테카를로의 노름판에서 자신의 자동차 회사를 통째로 날렸다.
> — 앙드레 코스톨라니, 『돈, 뜨겁게 사랑하고 차갑게 다루어라』

2장
알짜배기 공모주/실권주 투자하기

...

빠르게 변하는 세상에서

오래된 기업보다는

새로운 기업에 투자하는 것이 더 좋다.

물론 새로운 기업 중 어떤 것이

초과수익을 가져다줄 것인지는 알 수 없다.

그러나 구식 기업이

초과수익을 주지 못한다는 것은

거의 확실하다.

— 마이클 모바신, 「미래의 투자」

01 공모주 청약, 기초 익히기

해마다 변함없이 금리 이상의 수익을 안겨 주는 상품이 있다. 하지만 투자를 해 보지 않은 사람은 그 정도까지 수익이 날 것이라고 상상을 못한다. 아는 사람만 알아서 알토란 같은 수익을 챙기는 상품. 그 것이 바로 '공모주 청약'이다.

2013년 주식시장에 40개 종목이 새로 상장되었다. 만일 투자자 A씨가 투자원금 5,000만원으로 40개 종목 중에서 '공모주 옥석 가리기'를 통해 12개를 제외하고, 28개 종목에 청약을 한 후, 상장 첫날 시초가에 매도했다면 수익은 얼마나 났을까?

▼ 2013년 공모주 28개에 청약했을 때의 수익률

$$\underline{2,400,000원}_{❶} \rightarrow \underline{2,830,000원}_{❷} + \underline{800,000원}_{❸} = \boxed{\text{최종 수익률}\\ 363만원+알파}$$

❶ 2013년 '공모주 옥석 가리기'를 통해 28개에 청약했을 때, 공모주 투자의 수익률은 240만원이다. 은행 이자로 치면 약 4.8%.

❷ 공모주를 청약해서 팔았을 경우에 수익에는 세금이 붙지 않는다. 주식 시세차익에는 세금이 붙지 않기 때문이다. A씨가 손에 쥔 240만원은 은행 이자로 치면 283만원에 달한다. 은행 예금은 이자소득세와 주민세 15.4%를 내야 하기 때문이다.

❸ 여기에 공모주 청약이 없을 때 잠시 넣어둔 CMA 계좌에서 나오는 이자 80만원을 더하면, 최종 수익은 무려 363만원이나 된다.

❹ 하지만 이게 다가 아니다. '실권주 청약'에서 나오는 이익까지 더하면 수익은 더 늘어난다. 이 모든 수익이 거의 위험이 없는 투자에서 나온다. 놀랍지 않은가?

강원랜드 공모주 청약으로 대박을 경험하다 — 상장 첫날 7.4배 상승

필자와 공모주 청약의 인연은 15년 전으로 거슬러 올라간다. 1999년은 강원랜드의 공모주 청약이 있던 해였다.

강원랜드는 강원도 폐광 지역에서 내국인 출입이 가능한 카지노 리조트 개발사업을 하기 위해서 정부 산하 기관들이 출자해 만든 공공법인이었다. 정부는 민간자본을 끌어들여 사업을 본궤도에 올리기 위해 민간을 대상으로 공모주 청약을 받았다.

내국인 출입이 가능한, 그것도 정부가 주도하는 카지노 회사에

대한 투자자들의 관심은 가히 폭발적이었다. 청약 결과는 공모가 18,500원, 경쟁률 12대 1, 청약금액 2조 2,000억원이었다. 필자도 청약해서 1,000주, 1,850만원어치를 배정받았다. 강원랜드는 이듬해인 2000년 하반기부터 영업을 시작했고,

> ○○신문 2001년 10월
>
> **강원랜드 상장 첫날 대박.**
> 공모가의 7.4배로 올라
>
> 뜨거운 관심 속에 상장된 강원랜드 주식은 상장 첫날 시초가가 13만 7,000원을 기록했다. 이에 따라 2년 전 공모가 18,500원에 이 주식에 청약했던 사람들은 오늘 시초가로 팔았다면 7.4배의 대박 수익률을 올린 셈이다.

2001년 10월 마침내 시장에 상장되었는데 결과는 기대 이상이었다. 상장 시초가 13만 7,000원! 공모가 대비 무려 740% 상승을 기록한 것이다. 불과 2년 만에 거둔 믿기지 않는 수익이었다. 필자는 상장 초기에 매도해서 이익을 실현했고, 1,850만원을 투자하여 1억 1,000만원이 넘는 수익을 올렸다. 이익금은 그 후 재산 증식의 종잣돈이 되었다.

사실 공모주가 이렇게 대박을 치는 경우는 드물다. 하지만 매해 은행이자보다 2~3% 넘는 수익을 올리면서 꾸준히 하다 보면, 강원랜드만큼은 절대 아니더라도, 솔찮은 수익을 덤으로 올릴 수 있는 기회가 있음을 필자는 공모주에 20년 가까이 투자하며 경험했다.

공모주 청약! 대단히 매력적인 상품이라고 확신한다. 지금부터 공모주 청약의 모든 것을 낱낱이 공개하겠다.

공모주 청약이란?

증권시장에는 많은 기업의 주식이 상장되어 거래되고 있다. 상장이란 주식회사가 자금을 모으기 위해 주식을 증권거래소에서 거래할 수 있도록 심사를 통해 승인을 받는 것이다. 한국거래소는 기업의 자본금 규모, 주식 수, 매출액 등을 체크하고 일정 조건이 충족되면 거래소에서 거래할 수 있도록 상장을 허용한다. 기업이 상장하기 위해 발행하는 주식을 '공모주'라고 한다. 그리고 투자자가 그 공모주를 배정받기 위해 신청하는 것을 '공모주 청약'이라고 한다.

공모주는 신규 분양 아파트와 같다 — 할인가에 발행된다

공모주는 부동산으로 치면 신규 분양 아파트와 같다. 신규 분양 아파트를 받기 위해서 청약을 하듯이, 공모주도 청약을 해야 한다. 장래가 유망한 분양 아파트에 프리미엄이 붙듯이, 공모주에도 프리미엄이 붙는다. 다만 아파트는 추첨을 통해 당첨자를 뽑지만, 공모주는 경쟁률에 따라 주식을 나누어 배정한다.

▼ 기업의 상장 절차와 공모주 청약

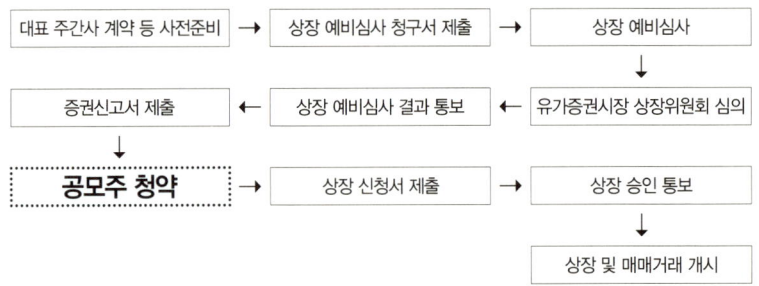

BGF리테일, 몇 주를 배정받았을까?

2014년 5월 BGF리테일 공모주 청약이 있었다. BGF리테일은 우리가 흔히 보는 편의점 CU 등을 운영하는 종합 유통 서비스 회사이다. 공모주 청약에서 최종 경쟁률은 181.3대 1을 기록했다.

투자자 A씨와 B씨가 각각 1,000주와 500주를 신청했다면 몇 주씩을 배정받았을까?

◐ 최종 경쟁률이 181.3대 1이므로, A씨는 5주(1,000주/181.3), B씨는 3주(500주/181.3)를 배정받는다. 1주 미만의 단수 주의 처리는 원칙적으로 5사6입을 한다.

공모주 청약은 투자자에게 좋은 투자기회를 제공한다. 공모가액이 기업가치보다 낮게 '할인발행'이 되기 때문이다. 이를테면 주당 1만원의 가치가 있는 기업의 공모주를 8,500원에 발행하는 경우가 그 예이다. 이 경우에 공모주를 청약한 다음에 상장 후 매도하면 시세차익이 생길 가능성이 높다.

그래서 일반적으로 공모주의 청약 경쟁률은 매우 높다. 돈이 되니 투자자가 몰리는 것이다. BGF리테일 공모주의 할인발행 사례를 좀 더 살펴보자.

공모주 얼마나 할인발행이 될까?

공모주는 얼마나 할인발행이 되는지 BGF리테일의 예를 들어 살펴보자. 주간사인 삼성증권은 이 회사에 대한 복잡한 가치평가 절차를 거친 후에, 발행사인 BGF리테일과 협의하여 다음과 같이 최종 공모가액을 결정했다.

▼ BGF리테일의 공모가

구분	BGF리테일
PER 비교가치	41,664원
EV/EBITDA 비교가치	68,410원
1주당 평균 가치	55,037원
할인율	16.42~25.50%
최종 공모가 밴드	41,000~46,000원
확정 공모가	41,000원

할인율이 16.42~25.5%에 달했다.

공모주의 3가지 투자방법

공모주에 투자하는 방법은 다음의 3가지이다. 필자는 3가지 방법 중에 직접 투자하는 '공모주 청약'을 선호한다. 다만 직접투자가 어렵다면 차선으로 간접투자 방법인 공모주 펀드 가입을 권한다.

공모주에 직접 청약하기

투자자가 계좌를 개설하고 상장주식 매도까지 직접 모든 것을 실행하는 방법이다. 대부분의 공모주 투자자는 이 방법을 이용하고 있고, 이 책에서 집중적으로 다룰 내용이기도 하다.

공모주 펀드에 간접투자 하기

일반적으로 공모주와 채권에 투자하는 펀드를 이용하는 방법이다. 직접 공모주 청약을 하기에는 금융지식이 부족하거나 시간이 없는 투자자는 이 펀드를 이용할 수 있다. 최근에는 공모주 10%가 우선 배정되는 '공모주 하이일드 분리과세 펀드'가 인기를 모아 상품 출시 4개월 만에 설정액이 1조원을 넘어섰다.

▼ 공모주 펀드의 예

KTB자산운용	KTB플러스찬스 5	트러스톤자산운용	트러스톤공모주알파A클래스
유진자산운용	유진챔피언공모주 1 ClassC	IBK자산운용	IBK공모주채움 1
흥국자산운용	흥국분리과세하이일드 [채권혼합] A		

하지만 공모주 펀드는 공모주 청약에 비해 많은 단점을 가지고 있다.

첫째, 펀드 수수료(연 1% 수준)를 내야 한다. 수수료 1%는 무시할 수 없는 금액이다.

둘째, 공모주 펀드는 공모주에만 청약을 할 수 있을 뿐, 또 다른 수익 원인 실권주 청약은 하지 않는다.

셋째, 공모주 펀드에 가입하면 자금이 묶이므로, 좋은 투자 대안이 나와도 자금을 활용할 수 없다.

공모주 하이일드 펀드(High Yield Fund)는 공모주와 하이일드 채권에 투자하며 분리과세 혜택이 있는데, 이 펀드에는 공모주 10%가 우선 배정이 된다. 그래서 다른 공모주 펀드보다 공모주를 많이 배정받을 수 있어서 유리하다.

하지만 이 펀드의 성패는 공모주보다는 하이일드 채권이 쥐고 있다. 이 펀드는 전체 자산 중에서 30% 이상을 신용도가 낮은 BBB+급 이하 채권이나 코넥스˚에 투자해야 한다. 신용등급이 BBB+급 이하인 채권은 거래가 원활하지 않아 펀드런(환매가 끊이지 않고 일어나는 것)이 발생하면 병목현상˚이 생겨 큰 손실을 입을 수도 있다. 그래서 공모주 하이일드 분리과세 펀드는 '고위험/중수익' 상품이다.

장외시장을 통해 공모주에 직접 투자하기

공모주를 상장 전에 장외시장˚에서 미리 매수하는 방법이다. 고위험/고수익 투자방법으로 주로 기업분석이 가능한 전문가들이 활용하는 투자방법이다. 금융투자협회에서 운영하는 장외시장인 K-OTC와 장외시장 전문 사이트인 38커뮤니케이션, PSTOCK 등을 통해 관련 정보를 얻을 수 있다. 장외시장을 통해 공모주 투자를 하는 방법을 알아보자.

1. 먼저 금융투자협회가 운영하는 장외시장 사이트인 K-OTC(www.k-otc.or.kr)에 접속한다.

2. K-OTC 사이트가 열리면, 현재 약 105개 기업의 113개 종목이 거래되고 있음을 알 수 있다. 거래대금 및 거래량 상위 종목 등도 확인할 수 있다. 2014년 9월 현재 시장의 뜨거운 관심사인 삼성SDS의 상장을 앞두고 있는 터라, 삼성SDS가 거래대금 1위를 차지하고 있다. 다양한 거래 종목을 보기 위해 상단 메뉴에서 **[종목정보]**를 클릭한다.

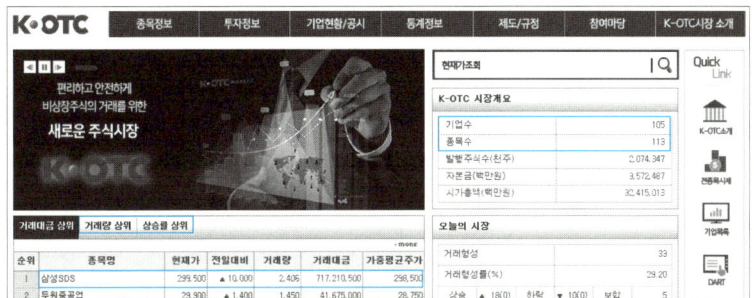

3. 2014년 9월 현재 뜨거운 관심사인 삼성SDS 장외 거래 화면이 열렸다. 현재가, 최고가, 최저가, 기업정보 등 다양한 정보를 볼 수 있다. 여기서 정보를 얻은 후 증권사를 통해 거래를 할 수 있어 사설 장외 거래 사이트에 비해 안전한 것이 장점이다. 38커뮤니케이션(www.38.co.kr) 같은 IPO(기업공개) 사설 사이트에서도 비상장 공모주를 거래할 수 있다. 상단 메뉴에서 **[시세정보]** 또는 **[비상장]** 메뉴를 누르면 된다. 하지만 사설 사이트는 매매 당사자 간에 사적으로 거래하는 것이므로 안전성이 떨어지는 단점이 있음을 유념해야 한다.

> **아하! 그렇구나**
>
> **하이일드 채권**
> 고위험/고수익 채권. 즉 신용등급이 낮은 회사가 발행한 채권이다. 원리금 상환에 대한 불이행 위험이 높은 대신 이자율이 높다.
>
> **코넥스**
> 코스닥시장의 상장요건을 충족시키지 못하는 벤처기업과 중소기업이 상장할 수 있도록 한 중소기업 전용 주식시장이다. 2013년 7월 1일부터 개장했다.
>
> **병목 현상**
> 주식시장에서 한꺼번에 매물이 쏟아지면 체결은 되지 않고 가격만 하락하여 손실이 커질 수밖에 없다.
>
> **장외시장**
> 증권 유통시장은 거래소시장과 장외시장으로 나뉜다. 장외시장은 거래소시장 밖에서 유가증권을 거래하는 시장을 말한다.

…

나는 사람들에게 계속해서

"나는 당신이 돈을 벌 수 있는 방법을

알지는 못합니다.

단지 내가 돈을 번 방법과

또 계속해서 벌 수 있는 방법을

알 뿐입니다"라고 대답했다.

— 니콜라스 다비스, 「어메이징 박스 이론」

02 나는 오피스텔보다 공모주가 좋다

공모주 투자는 다른 투자에서는 찾아보기 힘든 여러 가지 매력이 있다. 투자라고 하면 흔히 주식과 부동산을 떠올리게 되고 시장에는 이들과 관련된 여러 종류의 상품이 있기는 하지만, '저위험/중수익'을 충족시킬 수 있는 상품은 그리 많지 않다. 그나마 가장 대표적인 상품을 꼽으라면, 주식에서는 공모주 청약, 부동산에서는 오피스텔이 아닐까 생각한다.

몇 년 전까지만 해도 오피스텔은 꽤 괜찮은 투자상품으로 회자되었다. 1~2억원 정도를 투자해 예금금리보다 높은 월세를 매달 연금처럼 받을 수 있어 투자자들에게 큰 호응을 얻었다. 하지만 지금은 분위기가 이전과 사뭇 다르다. 오피스텔 공급 물량이 증가하여 수익률은 지속적으로 떨어지고, 2014년 연초에 나온 정부의 임대소득 과세 방침은 그렇지 않아도 꺼져 가던 시장에 찬물까지 끼얹은 꼴이 되었다.

알고 보니 배보다 배꼽이 큰 오피스텔 투자

전업주부인 H씨는 2년 전에 분양받은 오피스텔 때문에 머리가 아프다. 그 오피스텔은 분양 당시만 해도 선풍적인 인기를 모았던 곳이다. KTX 수서역 인근의 대모산 자락에 위치해 분양 당시 경쟁률이 20대 1이나 되었다.

H씨는 최근 월세를 내놓기 위해 부동산에 들렀다가 새로운 사실을 뒤늦게 알게 되면서 고민이 깊어졌다. 취득세 면제 혜택을 받기 위해 주택임대사업자를 신청하면, 주부인 그녀가 지역의료보험 대상자로 전환되어 남편이 내는 직장 건강보험료와는 별개로 건강보험료를 월 10만원 정도 추가로 내야 했다.

월세로 55만원을 받아서 건강보험료 10만원에 중개수수료까지 내고 나면 수익률은 연 3%대로 곤두박질친다. 그녀는 오피스텔 수익률이 이 정도인 줄 알았다면, 돈을 그냥 은행 예금에 넣어두는 게 나았겠다고 뒤늦은 후회를 하고 있다.

오피스텔 투자의 단점

첫째, 오피스텔 투자의 가장 큰 문제점은 수익률이 계속 떨어지고 있다는 것이다. 전국 오피스텔의 임대 수익률은 지난 2007년 상반기에는 6.86%였으나, 이후 현재까지 지속적인 하락세를 보이고 있다. 수익률 하락세 속에 2014년 상반기 임대 수익률은 전기 대비 0.01%포인트가 하락한 5.78%를 기록했다. 참고로 세금, 중개수수료, 등기비용 등 부대비용을 제하기 전의 것이다. 이들을 제한다면 오피스텔 투자의 수익률은 4% 대에 머물 가능성이 높다.

▼ 오피스텔의 임대 수익률 추이 출처: 부동산114

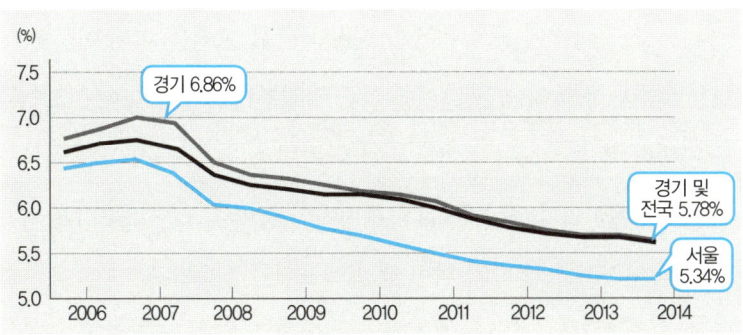

둘째, 오피스텔 투자는 접근하기가 너무 어렵다. 제대로 투자하려면 세금, 부동산 제도, 정부정책 등을 알아야 하는데 평범한 개인이 이 모든 것들을 챙기기에는 벅차다.

셋째, 세금(취득세 4.6%, 재산세, 부가세 또는 소득세), 중개수수료, 등기비용 등 부대비용이 너무 많다. 일례로 오피스텔은 중개수수료가 아파트보다 1.5~2배 더 비싸다. 전세 1억원인 물건을 임대할 경우, 일반적으로 아파트는 중개수수료가 40만원(0.4%)인데, 오피스텔은 60~90만원(0.6~0.9%)을 내야 한다.

넷째, 세입자 관리가 어렵다. 1년에 한 번 임차인을 구해야 하고, 세가 안 나가면 월세를 한푼도 못 받으면서도 관리비를 내야 하며, 설혹 임차인을 구했다고 하더라도 때로는 월세 미납에 따른 스트레스에 시달릴 수도 있다.

반면 공모주 투자는 오피스텔 투자에 비해 장점이 훨씬 많다. 공모주 투자의 매력을 하나씩 살펴보자.

공모주, 노인도 할 수 있는 쉬운 투자방법

과거에 공모주 청약 시장의 주요 고객은 60세 이상의 노인들이었다. 청약이 있는 날이면 이른 아침부터 증권사 객장은 노인들로 붐볐다. 전문지식이 없어도 발품을 팔면 할 수 있는 투자가 공모주 청약이기 때문이다. 요즘은 젊은 투자자가 늘어나 노인 비중이 줄기는 했지만, 여전히 청약 때가 되면 객장은 노인들로 붐빈다.

공모주 투자는 기업을 분석할 능력이 없고 정보가 부족한 일반투자자도 할 수 있는 쉬운 투자수단이다. 주당순이익(EPS), 주가수익비율(PER), 주당순자산가치(BPS) 등이 무엇인지 몰라도 되고, 기업의 신제품 개발, 해외진출 계획에 대한 정보가 없어도 상관없다. 공모주 청약과 관련된 기본적이고 간단한 지식만 습득한다면 누구나 할 수 있는 투자이다.

공모주, 왜 안전한 투자인가? — 할인가로 발행된다

공모주 시장에는 우량기업만 상장된다. 만일 기업 내용이 나쁜데 상장시키면 투자자들이 온전히 그 피해를 뒤집어쓰게 되므로 한국거래소는 상장조건을 엄격하게 정한다. 기업이 공모를 통해 상장이 된다는 것은 시장에서 투자자들이 거래를 해도 좋다는 의미를 지니는 것이다.

공모주가 할인가로 발행되는 이유

공모를 신청하는 발행사*와 공모를 주선하는 주간사*는 공모가를 기업가치보다 낮게 결정한다. 이른바 할인발행을 하는 것이다. 예를 들어 기업가치가 주당 1만원이라면 공모가는 8,500원 선에서 정하는 경우가 많다.

공모주 청약을 받을 때, 투자자들이 상장 후에 시세차익을 올릴 수 있어야 몰리기 때문이다. 결과적으로 주식을 원래 가치보다 싸게 살 수 있는 가치투자의 기회가 투자자에게 주어지는 셈이다.

다음은 편의점 CU로 유명한 BGF리테일, 식품회사인 신송홀딩스, 그리고 자동차 내장 소재 업체인 금호엔티의 1주당 평가가치와 공모가를 보여준다. 공모주가 실제 1주당 평가가치에 비해 적게는 12%에서 많게는 34%까지 할인된 가격으로 결정된 것을 볼 수 있다. 실제로 이들 주식은 상장 초기에 주가가 39~100%나 올랐다. 공모주를 1,000만원어치 샀다면 390~1,000만원의 수익을 얻었다는 의미이다.

▼ 공모주의 할인율과 상장 초기 주가 상승률 비교

구 분	BGF리테일	신송홀딩스	금호엔티
1주당 평가가치	55,037원	7,391원	4,698원
할인율	25.5%	12.0%	34.0%
확정 공모가	41,000원	6,500원	3,100원
상장 시초가	57,000원	10,900원	6,200원
상장 초기 주가 상승률	39%	67%	100%

공모가가 실제 평가가치보다 12~34% 할인 발행 되었다.

상장 초기 주가가 공모가에 비해 39~100% 상승했다.

재테크 성공을 위한 불변의 진리는 '싸게 사서 비싸게 파는 것'이다. 공모주는 일단 싸게 살 수 있기 때문에 남는 장사가 될 가능성이 높다. 그래서 공모주 투자는 어떤 투자보다도 쉽고 안전한 투자인 것이다.

공모주 투자의 기대수익은 '은행 금리+알파'

공모주 투자의 기대수익이 높지는 않다. 하지만 은행 정기예금 금리보다는 확실히 높다. 공모주 투자의 기대수익은 시세차익과 CMA 수익의 합이다. 실권주에 대해서는 161쪽 참조

증시가 활황일수록 공모주의 시세차익도 커진다

공모주 청약 후 주식이 상장되면 시장에서 팔아 시세차익을 얻을 수 있다. 다음은 현대차그룹의 중공업회사인 현대로템, 차량용 내외장재에 쓰이는 부직포를 생산하는 금호엔티, 그리고 식품회사인 신송홀딩스의 공모가와 시초가를 비교한 것이다. 시세차익이 46.5~100%에 달하는 것을 볼 수 있다.

▼ 공모주 시세차익의 예

종목	공모가	시초가	시세차익(시초가−공모가)	수익률
현대로템	23,000원	33,700원	10,700원	46.5%
금호엔티	3,100원	6,200원	3,100원	100%
신송홀딩스	6,500원	10,900원	4,400원	67.6%

시세차익이 46.5~100%에 달한다.

시세차익이 바로 공모주 투자의 주수익이다. 시세차익은 일정치 않고 들쑥날쑥하다. 최근 3년(2011~13년)의 공모주 시세차익 수익률을 보면, 가장 좋았던 2011년은 무려 6.9%, 부진했던 2012년은 1.6%, 그리고 2013년은 5.6%가 나왔다.

증시가 활황일수록 공모주 투자의 시세차익도 커지는 경향이 뚜렷

하다. 주식시장이 좋으면 상장하려는 기업이 늘어나고, 상장 후 주가도 올라 시세차익이 커지게 마련이다.

주식시장이 나쁠 때도 기본수익은 나온다

공모주 투자는 주식시장이 나쁠 때에도 기본수익은 나온다. 이 점이 공모주 투자의 가장 큰 장점이기도 하다. 시장이 아무리 나빠도 한 달에 평균 2~3개 정도의 기업이 상장을 하게 마련이고, 발행사와 주간사는 흥행을 위해 공모가를 시장 눈높이에 맞추어 낮게 정하기 때문에 시세차익도 발생한다.

최근 2~3년 증시가 썩 좋지 않았음에도 불구하고, 공모주 투자의 시세차익은 연 1.6~6.9% 정도 나왔다. 은행이자의 거의 2배에 달하는 수치이다. 특히 우리는 공모주 투자가 높은 평균 수익률을 낸다는 사실보다 지난 20년 동안 단 한 해도 마이너스 수익을 낸 적이 없었다는 사실에 주목해야 한다. 안정적이고 효율적인 자산관리를 위해서 이보다 더 중요한 것은 없기 때문이다.

공모주 투자를 안 할 때는 CMA 수익을 챙긴다

공모주 투자에서 얻을 수 있는 수익은 이게 전부가 아니다. 청약이 없을 때에는 자금을 CMA 계좌에 넣어 추가 수익을 얻을 수 있다. 청약에서 환불까지 2~4일 걸리고, 연간 45개 종목을 청약(실권주 포함) 한다고 가정하면, 연간 약 135일은 청약에 자금이 묶이고, 나머지 230일은 돈이 CMA 계좌에 예치된다.

CMA 수익률이 연 2.5%라면 CMA 계좌에서 연 1.6%의 수익을 얻게 된다는 계산이 나온다. 청약 비수기라고 해서 허탕을 치는 것이 아니라 최소한의 기본 수익은 챙길 수 있다는 의미이다.

실권주 시세차익도 무시 못한다

공모주 투자와 같은 콘셉트의 투자수단인 실권주 투자에서 나오는 수익도 있다. 필자가 경험해 본바, 지난 3년간 실권주 투자는 연 0.8~1%의 수익을 안겨 주었다.

결론적으로 공모주 투자를 통해 얻는 총 수익은 공모주 시세차익, CMA 수익과 실권주 시세차익의 합이 된다.

최근 3년간 연도별 공모주 투자 수익률은 다음과 같다. 공모주 시세차익, CMA 수익, 실권주 시세차익을 더한 총 수익률은 연 4.0~9.3%이었다. 3년 평균 수익률이 7.1%에 달한 것이다.

▼ 연도별 공모주 투자 수익률

	공모주 시세차익 (세전 환산 수익률)	CMA 수익	실권주 시세차익 (세전 환산 수익률)	합계
2011년	6.9%	1.6%	0.8%	9.3%
2012년	1.6%	1.6%	0.8%	4.0%
2013년	5.6%	1.6%	0.8%	8.0%
평균수익률	4.7%	1.6%	0.8%	7.1%

* 전제조건
① 투자원금은 5,000만원이다.
② 우대가 아닌 일반고객으로 청약한도의 100% 범위 내에서 청약한다.
③ 같은 날짜에 2개의 청약 종목이 있으면 1개 종목만 청약한다.
④ 상장일 시초가에 전부 매도한 것으로 한다.
⑤ 공모주/실권주 시세차익 수익률은 세금이 부과되는 다른 상품과 동등하게 비교하기 위해 세전으로 환산한 수익률이다.

다음의 표는 은행과 저축은행의 정기예금, 오피스텔 투자, 공모주 투자 수익률(2013년)을 비교해 본 것이다. 저금리로 정기예금 금리는 2.5~2.9% 정도에 불과하다. 오피스텔 투자는 세금, 복비, 기타 관리 비용을 고려하면 4~5% 정도가 나왔다. 그런데 주식시장이 부진했음에도 불구하고 공모주 투자는 8%의 수익률을 기록했다. 다른 상품에 비해 탁월한 결과이다.

▼ 금융상품별 투자 수익률 비교
기준: 2013년

구분	수익률	단점
은행 정기예금	2.5~2.7%	저금리
저축은행 정기예금	2.7~2.9%	은행에 비해 신용도 떨어짐
오피스텔 투자	4.0~5.0%	세입자 관리, 복비/세금 부담
공모주 투자	8.0%	노력과 시간이 필요

안전한 공모주 투자 수익률이 8%로 단연 높다.

공모주 투자가 '저위험' 투자인 3가지 이유

첫째, 발행사와 주간사는 흥행을 위해 공모가를 기업가치보다 낮게 결정한다. 상장 시점에 주가가 좀 하락해도 여유가 있다. 기업가치와 공모가의 차이가 일종의 쿠션 역할을 하기 때문이다. 워렌 버핏의 표현을 빌자면 '안전마진'이 완충 역할을 하는 셈이다.

둘째, 자금회수 기간이 매우 짧다. 청약 증거금은 보통 2일, 주말을 낀 경우 4일 후면, 배당받은 공모주 금액을 제외한 돈이 환불이 되어 위험에 거의 노출되지 않는다.

다음은 나스미디어, 금호엔티, 아이코젠 등의 청약일과 환불일이다. 청약 2일째에 청약했다면, 2~4일 정도면 자금을 회수할 수 있다.

▼ 공모주 청약 환불 기간의 예

종목	청약일	환불일	기간
나스미디어	7월 8~9일	7월 11일	2일
금호엔티	7월 24~25일	7월 29일	4일
아이코젠	9월 4~5일	9월 9일	4일
내츄럴엔도텍	10월 21~22일	10월 24일	2일
신송홀딩스	11월 11~12일	11월 14일	2일

자금 회수 기간이 짧다.

셋째, 투자자는 청약금 중 극히 일부만 주식으로 배정받는다. 주식을 청약 경쟁률에 따라 안분배정을 받게 된다. 안분배정이란 일정 비율에 따라 고르게 나누어 배분하는 것을 말한다. 청약금이 1,000만원, 청약 경쟁률이 100대 1이라면, 안분배정 금액은 10만원(1,000/100=10)이다.

일반적으로 공모주 청약은 경쟁률이 매우 높기 때문에 배정이 조금만 되는 경향이 있다. 1억원을 청약했는데 경쟁률이 100대 1이라면 100만원만 배정되기 때문에 나머지 9,900만원은 환불받게 된다.

다음의 표를 보면, 현대차그룹의 중공업회사인 현대로템은 청약 경쟁률이 54대 1이었고, 배정금액은 약 185만원이며, 환불금액은 약 9,800만원이었다.

▼ 공모주 청약 환불금의 예

종목	청약금액	청약 경쟁률	배정금액	환불금액
현대로템	1억원	54대 1	1,851,851원	98,148,149원

인기 있는 기업의 경우에는 공모주 청약 경쟁률이 1,000대 1을 넘기도 한다. 높은 경쟁률로 인해 공모주를 적게 배정받는 것을 나쁘게 생

각할 수 있지만, 꼭 그렇지만은 않다. 상장 후 주가가 상승한다면 적게 배정받은 것이 아쉽겠지만, 정말 간혹 가다가 공모가 이하로 하락하는 경우도 있다. 높은 경쟁률로 적은 주식을 배정받아 자연스럽게 리스크가 줄어들어 오히려 득이 되기도 한다. 높은 경쟁률은 단 한 번의 잘못된 투자로 회복불능 상태에 빠지는 재앙을 막는 역할을 하기도 한다.

 욕심이 화를 불렀다

후배 P씨는 단 한 번의 실수로 1년 동안 번 수익을 모두 날렸다.
"형님, 저 일 년 농사 망쳤어요!"
"왜? 어쩌다?"
"지난달에 형님 말씀을 안 듣고 우리이앤엘에 공모주 청약을 했다가 큰 손실을 봤어요. 4만 주를 신청했는데 무려 1만 3,000주나 배정된 거예요. 한방에 600만원을 손해본 거죠."

LED 생산업체인 우리이앤엘은 공모주 청약 경쟁률이 매우 드물게도 3대 1밖에 되지 않았다. 시초가는 공모가 4,900원보다 10% 하락해 4,410원이었다. 불길한 조짐이 기관의 수요 예측 경쟁률에 이미 나타났다. 기관의 수요 예측 경쟁률은 보통 200~300대 1이 기본인데, 고작 12대 1이었던 것이다. 그때 필자는 우리이앤엘을 청약 대상에서 제외했었다. _{공모주 옥석 고르기 115쪽 참조}

공모주 청약은 단번에 대박을 터트릴 수 있는 투자수단이 아니다. 하지만 한 번의 수익은 초라해도 여러 번(연간 30~50회)의

▼ 공모주 청약, 꾸준한 개미 투자의 힘!

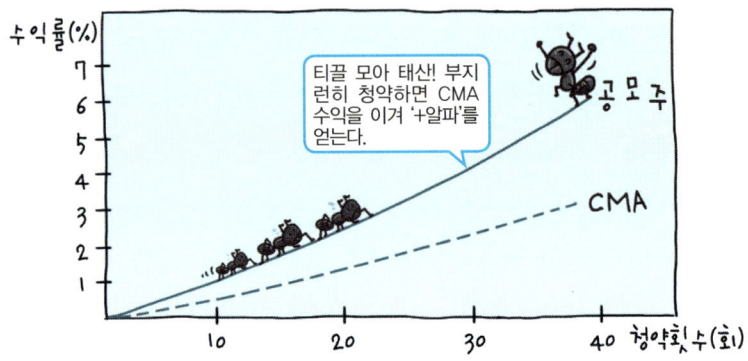

투자로 모아진 수익의 합은 결코 적지 않다. 개별 종목의 수익이 꽁치 한 마리, 갈치 한 마리 값에 불과해도 이들이 모여 풍성한 식탁으로 변모한다. 한마디로 티끌 모아 태산이다.

공모주 투자는 주식투자로 연 20%를 기대하는 투자자에게는 성에 안 차는 소심한 투자일 수 있다. 하지만 소심한 자의 주머니가 더 두둑하고, 보수적인 투자자는 마음이 편안하다는 말을 곱씹어 볼 필요가 있다.

공모주, 유동자금을 효율적으로 관리하는 수단

누구나 한 번쯤은 정작 좋은 투자기회가 찾아왔으나 수중에 돈이 없어 기회를 놓친 경험을 했을 것이다. 모든 자산이 집과 예금, 보험과 펀드 등에 묶여 있어 당장 쓸 수 있는 현금이 없는 것이다. 현금만 있었다면 급매로 나온 부동산을 잡을 수도 있었고, 가격이 크게 떨어진 우량주식을 매수할 수도 있었는데 아쉬움이 컸으리라. 그럴 때 '현금은 왕'(Cash is King)이 된다.

재테크 기회를 잡으려면 어느 정도의 현금자산을 늘 가지고 있어야 한다. 그렇다고 마냥 현금으로 놀리기에는 아깝다. 이왕이면 평상시에 투자를 하다가 필요할 때 즉시 현금화할 수 있는 수단이 있다면 최고이다. 바로 공모주 투자가 그렇다. 유동자금을 효율적으로 관리하는 수단인 것이다.

공모주 투자자금은 청약이 없을 때 얼마든지 현금으로 활용할 수 있다. 청약 증거금으로 묶이는 기간은 기껏해야 2~4일에 불과하기 때문에 사실상 연중 현금화가 가능하다고 볼 수 있다. 즉 공모주 투자보다 나은 투자기회가 생기면 CMA 계좌에서 언제든 자금을 인출하여 활용하면 된다. CMA 금리는 연 2.25%로 정기예금 금리인 연 2.5%와는 차이가 거의 없다. 단기상품 이용으로 생기는 기회손실이 단 0.25%에 불과하다면 없는 것이나 마찬가지다.

▼ CMA와 정기예금의 금리 비교

| NH투자증권 CMA 금리 | 2.25% | 신한은행 정기예금 금리 | 2.5% |

CMA와 정기예금의 금리 차이가 0.25%에 불과하다.

공모주 투자는 절세 효과가 뛰어나다

앞에서 필자는 최근 2~3년 동안 공모주 투자에서 연 4.8%의 시세차익을 얻었다고 말했다. 하지만 세금을 고려하면 그 이상의 투자효과를 거두었다고 볼 수 있다.

투자수익에 대해서는 세금이 부과되는 것이 상식이다. 부동산 양도차익에는 양도소득세가 붙고, 정기예금, 채권, ELS 등 금융상품에서 나오는 이자소득에는 이자소득세가 부과된다. 하지만 우리나라에서는 아직 한국거래소에서 거래되고 있는 상장주식을 사고팔아 생기는 양도차익은 비과세이다. 공모주를 청약받아 팔았을 때에도 그 시세차익에 대해 세금을 낼 필요가 없는 것이다.

공모주 투자로 인한 시세차익은 은행이자에 대해 매겨지는 15.4%(소득세 14%+주민세 1.4%)의 세금을 면제받는다는 의미이다. 따라서 공모주 투자로 인한 시세차익 수익률인 연 4.8%를 세전수익으로 환산하면 연 5.6%나 된다.

금융소득 종합과세자, 왜 공모주 투자가 오아시스일까?

금융소득이 2,000만원 이상인 자산가라면, 공모주 투자의 절세효과는 더더욱 커진다. 우리나라는 개인별 연간 금융소득을 합산하여 2,000만원을 초과하는 소득은 다른 종합소득(사업, 근로, 연금, 기타소득)과 합산하여 누진세율(종합소득세율)을 적용한다. 하지만 공모주 투자로 인한 시세차익 등은 누진세율의 적용을 받지 않는다.

▼ 공모주 투자의 세율별 환산 수익률

공모주 투자수익률	일반 과세자	금융소득 종합과세자		
4.8%	세율 15.4%일 때	세율 24%일 때	세율 38%일 때	금융소득 종합과세자의 절세 효과가 매우 크다.
	세전 5.6%	세전 6.3%	세전 7.7%	

위의 표는 엄청난 사실을 말해 준다. 금융소득 종합과세자의 경우 공모주 시세차익에 CMA 수익(1.6%)과 실권주 시세차익(0.8%)을 더하면 총수익은 연 8.7~10.1%나 된다. 은행 금리가 연 2%대인 요

즉, 금융소득 종합과세 대상자라면 연 10% 금리의 효과를 얻을 수 있는 안전한 투자상품이 있음을 보여준다. 금융소득 종합과세자에게 공모주 투자는 오아시스 같은 투자상품이다.

공모주 투자는 비용이 들지 않는다

펀드나 ELS 같은 투자상품에 가입하면 비용이 발생한다. 판매수수료, 운용수수료, 선취수수료 등 각종 수수료로 연 1~3%를 내야 한다.

▼ 금융상품별 수수료 비교

상품명	판매수수료	운용수수료	선취수수료	기타 수수료	수수료 합계
에셋플러스코리아리치투게더	0.4%	0.88%	0.9%	0.051%	2.31%
베스트 스윙 랩		2.6%			2.6%
흥국 분리과세 하이일드 펀드	0.95%	0.49%		0.035%	1.475%

예금금리가 2%대인 점을 감안할 때, 투자상품들의 수수료는 대단히 높고 부담스러운 수준이다. 하지만 공모주 직접투자에는 이런 비용이 들지 않는다. 투자자가 직접 종목을 고르고 청약하고 매도까지 하기 때문에 비용을 절약할 수 있는 것이다.

공모주 투자로 인한 연간 절세효과 0.8%(5.6%-4.8%)에 비용 절약으로 인한 효과 1.4~2.6%를 더하면 연 2.2~3.4%라는 엄청난 결과가 나온다. 직접투자의 놀라운 효과이다.

특히 장년, 노년층에 좋은 투자이다

물론 공모주 투자는 직장인이나 전업주부 등 젊은층에게도 좋은 투자방법이다. 큰 욕심 부리지 않고, 은행 금리보다 2~3% 이상의 수익을 안전하게 올릴 수 있는 투자방법은 많지 않다.

하지만 노후자금을 관리하는 장년층과 노년층에게는 더욱 장점이 많다. 노후에는 돈이 필요하지만 소일거리도 있어야 한다. 하는 일이 돈도 벌고 소일거리까지 된다면 금상첨화이다.

공모주 청약이 그렇다. 종목 하나를 청약하기 위해서는 여러 번의 손길이 가야 한다. 청약 증거금 이체, 청약 실행, 환불금 출금, 공모주 매도 및 출금 등의 절차를 매번 밟아야 한다. 한 달에 최소한 두세 번의 공모주 청약이 있기 때문에 소일거리로 부족함이 없다. 바쁜 젊은 사람에게는 단점일 수 있지만, 남는 게 시간인 베이비부머(전쟁 또는 혹독한 불경기를 겪은 후 사회적·경제적 안정 속에서 태어난 세대. 우리나라의 베이비부머는 1955~63년생)에게는 오히려 장점으로 작용한다. 또한 은퇴를 하고서도 경제뉴스에 관심을 갖게 하고, 나의 재무상태를 늘 파악할 수 있게 해 주니 이 얼마나 좋은가!

공모주 투자의 걸림돌

최초 투자금액이 크다

공모주 청약 경쟁률은 대체로 높다. 단 1주의 주식을 배정받기 위해서는 주식 1주 가격만큼을 청약하면 되는 게 아니라, 1주 가격에 경쟁률을 곱한 금액의 절반(청약 증거금율 50%)을 증거금으로 넣어야 된다.

예를 들어 공모가가 5천원, 청약 경쟁률이 1,000대 1일 때, 1주를 배정받기 위해 필요한 증거금은 얼마일까? 약 250만원에 달한다.

5,000원 × 1,000 ÷ 2 = 2,500,000원
공모가   경쟁률   증거금율이 50%이므로 2로 나눈다.

청약 경쟁률이 1,000대 1이라면, 1주를 배정받으려면 250만원, 5주면 1,250만원, 10주면 2,500만원의 증거금이 필요하다. 연습 삼아 해 보는 정도라면 200~300만원으로도 가능하지만, 공모주 투자를 본격적으로 하겠다면 최소 1,000~3,000만원은 있어야 된다.

노력과 시간이 필요하다

공모주 투자를 하려면 노력과 시간이 필요하다. 청약 계좌 만들기, 청약 종목 찾고 옥석 가리기, 청약자금 입금, 청약 실행, 상장 후 매도, 매도자금 출금 등을 직접 해야 한다. 이런 과정을 일 년에 30~40번을 반복해야 한다. 한 번 매수하고 한 달이고 일 년이고 기다리는 주식투자와는 성격이 다른, 손이 많이 가는 투자이다.

공모주 투자는 결실을 얻기까지 시간이 많이 걸리는 투자이다. 한 번에 기껏 0.1%도 안 되는 수익이 계속 쌓여야 의미 있는 결과를 낼 수 있다. 그러다 보니 중도에 포기하고 싶은 유혹도 많다.

필자는 수십 년을 금융권에서 근무했지만, 아무런 희생도 하지 않고 쉽게 돈을 벌 수 있는 방법을 알지 못한다. 뭔가를 얻는다는 것은 다른 뭔가를 잃는다는 의미이다. 공모주 청약은 노력과 시간을 들이는 대가로 안전하게 돈을 버는 투자이다.

그래서 공모주 투자는 상대적으로 시간 여유가 있는 가정주부, 은퇴생활자, 노인들에게 좀더 적합한 투자일 수도 있다. 실제로 그런 분들이 공모주 시장의 주요 고객이었던 시절도 있었다. 하지만 지금은 계좌 개설을 제외한 나머지 절차들을 온라인으로 쉽게 처리할 수 있기 때문에, 직장인들도 충분히 할 수 있는 투자이다. 필자도 직장생활 하면서 공모주 청약을 했다.

부러워하면 지는 거다

앞에서 말했듯이 공모주 청약은 티끌 모아 태산이 되는 투자이다. 종목별 수익은 그야말로 티끌에 불과해 '기껏 이것 벌려고 이러나' 하며 회의에 빠지기 십상이다.

특히 주식시장이 좋을 때는 더 그렇다. 주변에서 며칠 전에 산 주식이 상한가를 쳤다거나, 6개월 전에 가입한 ELS가 조건을 충족하여 연 7% 수익률이 확정되었다는 이야기가 들릴 때면 의기소침해진다. 주식이나 ELS에 투자한 이들이 부러워지는 것이다.

하지만 그럴 때일수록 한 가지 진리를 상기해야 한다. '모든 보상에는 위험이 뒤따른다'는 진리를. 단기간에 높은 수익을 안겨준 주식과 ELS가 어느 순간 돌변하여 치명적인 손실을 줄 수 있음을 명심해야 한다. 반면에 공모주 청약은 더디고 소박한 수익을 주지만 시장이 나쁠 때에도, 심지어 글로벌 금융위기가 왔을 때에도 원금을 지켜준 환상적인 투자라는 사실을 꼭 기억하기 바란다.

남과 비교하지 말고 자기 방식대로 투자하라. 부러워하면 지는 거다.

공모주 인기가 높아지면 수익률이 떨어질 수 있다

공모주 청약에 대한 인기가 높아져 청약자가 늘어날수록 청약 경쟁률은 올라가고 수익률은 떨어질 수 있다. 블루오션이 레드오션으로 바뀔 수 있다는 말이다. 하지만 공모주 투자가 인기를 끌면 더 많은 기업이 IPO(기업공개)에 나서 공급이 늘어날 것이다. 또한 현재 20%인 일반투자자 배정비율을 상향 조정함으로써 해결될 수도 있다. 다만 이는 금융당국의 몫이다.

▼ 현재 공모주 배정 비율

모집대상	일반투자자	기관투자자	우리사주
배정 비율	20%	60%	20%

아하! 그렇구나

발행사와 주간사
쿠쿠전자가 NH투자증권의 주선으로 기업공개(IPO)를 추진한다면, 여기서 쿠쿠전자는 '발행사'가 되고 NH투자증권은 '주간사'가 된다.

안전마진
주가가 추정한 내재가치보다 현격히 낮을 때, 그 차이가 안전마진이다. 워렌 버핏에 따르면, 어떤 주식이 9달러의 가치가 있는데 10달러의 가치가 있다고 잘못 분석할 수 있기 때문에 안전마진을 3달러로 두고, 주식을 7달러에 매입해야 한다는 것이다.

…
나는 세상을

강자와 약자,

성공한 자와 실패한 자로

나누지 않는다.

나는 세상을

배우는 자와

배우지 않는 자로

나눈다.

— 벤자민 바버

03 공모주 투자 9단계 따라하기

공모주 청약은 참 쉽다. 그렇다고 닥치는 대로 하기만 하면 되는 투자는 물론 아니다. 절차와 옥석을 가려내는 작업이 함께 진행되어야만 성공할 수 있는 투자이다. 다음의 '공모주 청약절차'를 확실하게 배워서 남들에게는 없는 강력한 재테크 무기를 가지기를 권한다.

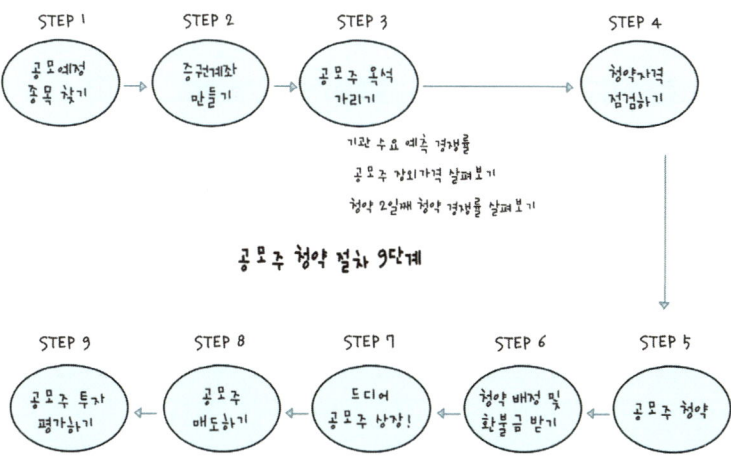

공모주 청약 절차 9단계

> **STEP 1** 공모 예정 종목 찾기

공모가 예정된 종목을 미리 찾는 방법부터 알아보자. 기업공개(IPO) 전문 사이트나 블로그에서 찾는 것이 가장 쉽고 편리한 방법이며, 증권사 홈페이지, 뉴스, 청약 공고 등에서 정보를 찾는 방법도 있다.

기업공개 전문 사이트 이용하기—38커뮤니케이션, 아이피오스탁

기업공개(IPO)란 일정 규모의 기업이 상장 절차 등을 밟기 위해 외부 투자자들에게 처음으로 주식을 공모하여 파는 것을 말한다.

대표적인 기업공개 사이트인 38커뮤니케이션(www.38.co.kr)는 1~2개월 후의 공모 일정이 미리 나와 있어 장기 청약계획을 세울 때 특히 도움이 된다. 상단 메뉴에서 [IPO/공모]→[공모주 청약일정]을 클릭하면 앞으로 예정된 공모주 청약일을 볼 수 있다. 관심 있는 공모주의 〈분석〉 단추를 누르면 상세 정보 페이지가 열린다.

38커뮤니케이션과 함께 대표적인 IPO 사이트인 아이피오스탁에서도 공모 관련 정보를 얻을 수 있다. 아이피오스탁 사이트(www.ipostock.co.kr)에 접속해 상단 메뉴에서 [IPO공모정보]→[IPO공모일정]을 누르면 앞으로 예정된 공모 일정을 확인할 수 있다.

한국거래소 상장공시시스템 이용하기

한국거래소의 상장공시시스템(kind.krx.co.kr)에 접속하여 [IPO현황]→[공모기업]을 누르면 공모 예정 정보를 볼 수 있다. '기업명'을 클릭하면 기업 및 공모 개요, 주간사 등 좀 더 자세한 정보를 볼 수 있다. 사설 사이트에 비해 신뢰성은 높으나 정보의 다양성이 다소 떨어진다는 단점이 있다.

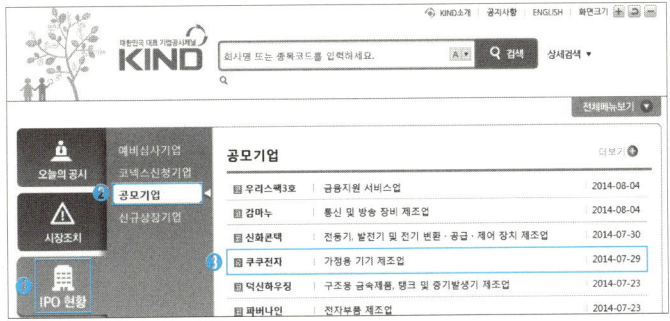

공모 전문 블로그 이용하기 — 황금돼지의 IPO 투자노트

기업공개(IPO)에 대한 다양하고 빠른 정보를 제공하는 블로그들도 있다. 그중에서도 '황금돼지의 IPO투자노트'(http://blog.naver.com/offboard)는 국내에서 가장 다양하고 빠른 IPO 정보를 제공하는 것으로 정평이 나 있다. 상장을 위한 청구, 승인 과정부터 공모주 청약까지 관련 정보를 다양하게 전달한다. 또한 상장 이전의 장외종목에 관한 정보도 얻을 수 있다. 공모주 투자자라면 꼭 들러봐야 할 블로그이다.

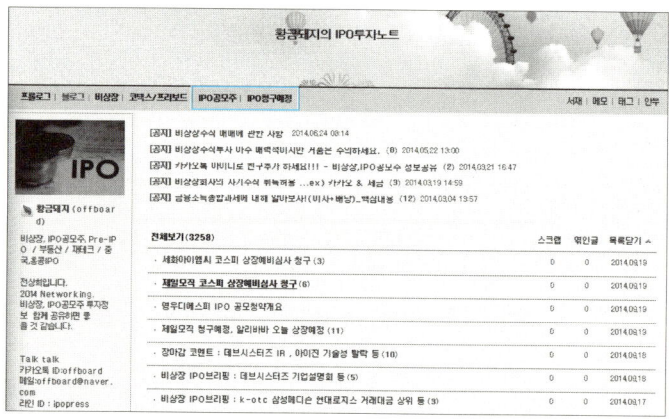

증권사 홈페이지에서 공모 정보 확인하기

청약 2~3일 전에 공모가격이 확정되면 주간 증권사는 홈페이지에 관련 내용을 게시한다. 그 내용에는 주당 공모가, 청약자격, 청약일, 환불일, 공모 총 주식수와 공모금액 등이 포함된다. IPO 전문 사이트나 블로그에는 간혹 오류가 있을 수 있기 때문에, 청약 2~3일 전에 반드시 주간사 홈페이지에서 정확한 정보를 최종적으로 확인해야 한다.

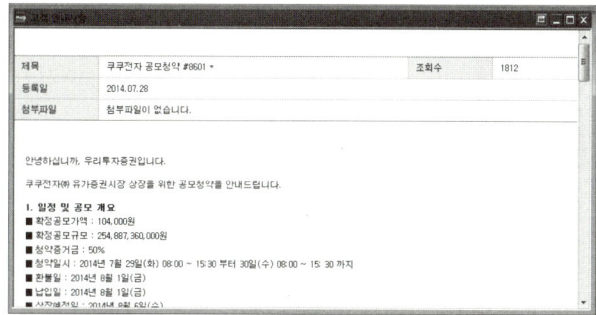

IPO 전문 사이트나 블로그에는 간혹 오류가 있을 수 있기 때문에, 청약 2~3일 전에 반드시 주간사 홈페이지에서 정확한 정보를 최종적으로 확인해야 한다.

뉴스에서 공모 정보 확인하기

공모주 관련 뉴스에서 좀 더 다양한 정보를 얻을 수 있다. 공모 예정 기업, 연간 공모주 청약시장 규모, 공모 예정 기업의 사업내용 등 유익한 정보를 얻을 수 있다.

○○신문　　　　　　　　　　　　　　　　　　　　　　　　2014년 8월

삼성SDS, 25일 상장 예비심사 청구

삼성SDS와 한국투자증권, JP모건 등 공모 주간사단은 8월 25일 오후 한국거래소에 상장 예비심사 청구서를 제출했다. 거래소는 9월 안으로 예비심사를 완료할 계획으로 보이며, 삼성SDS는 이르면 10월 말 상장을 한다는 목표이다.

○○신문　　　　　　　　　　　　　　　　　　　　　　　　2014년 9월

기업공개(IPO) 시장 활기, 공모주 펀드에 돈 몰려

최근 새로 상장한 업체들이 높은 공모주 청약 경쟁률을 기록하고, 상장 후에 주가가 크게 오르는 현상이 나타나고 있다. 8월 6일 상장한 쿠쿠전자는 한때 공모가인 10만 4,000원보다 100% 가까이 오른 20만 4,500원에 거래되기도 했다. 게다가 하반기에는 삼성SDS·제일모직 등 굵직한 회사의 공모가 예정되어 있다.
이러한 '공모주 열풍'에 따라 공모주 펀드에 자금이 크게 유입되고 있다. 7월 한 달 동안에만 1,009억원이 유입된 것으로 밝혀졌으며, 굵직한 회사의 공모로 인해 공모주 펀드로의 자금 유입은 하반기에는 더욱 커질 것으로 보인다.

[실전연습] 공모 예정 종목 찾기

2014년 7월, NH투자증권을 통해 상장된 '창해에탄올'의 공모주 청약 과정을 통해 공모주 예정 종목을 찾는 법을 알아보자.

1. 필자는 2014년 6월에 38커뮤니케이션에서 2014년 7월 '공모주 청약일정'을 찾아보았다. 38커뮤니케이션(www.38.co.kr)에 접속한 다음에 상단 메뉴에서 [IPO/공모]→[공모주 청약일정]을 클릭한다.

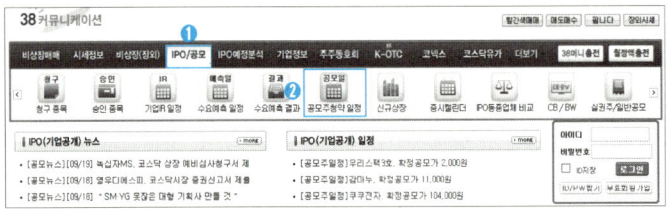

2. 앞으로 예정된 공모주 청약 종목들이 나온다. 필자는 그중에서 '창해에탄올'이 눈에 띄었다. 공모주 청약일은 2014년 7월 21~22일이었다. 좀 더 자세한 정보를 알아보기 위해 〈분석〉 단추를 누른다.

덕신하우징	2014.07.23~07.24	13,000	9,600~11,000	899.07:1	현대증권	분석
창해에탄올	2014.07.21~07.22	8,300	6,000~6,900	675.79:1	우리투자증권	분석
윈하이텍	2014.07.16~07.17	8,300	6,600~7,500	589.58:1	우리투자증권	분석
미래에셋스팩2호	2014.07.14~07.15	2,000	2,000~2,000	186.41:1	미래에셋증권	분석
아진엑스텍	2014.07.14~07.15	7,000	5,000~6,000	876.27:1	신한금융투자	분석

3. 공모 결정에 참고가 될 만한 상세 정보 페이지가 열린다. 창해에탄올의 기업개요를 보니 주류에 들어가는 에탄올을 생산하는 기업으로 매출액 690억원, 순이익 148억원의 중견기업이다.

기업 개요			
종목명	창해에탄올	진행상황	공모주
시장구분	코스닥	종목코드	004650
업종	주정 제조업		
대표자	서상국	기업구분	중소일반
본점소재지	전북 전주시 덕진구 팔복동3가 829		
홈페이지	www.chethanol.com	대표전화	063-214-7800
최대주주	-		
매출액	69,032 (백만원)	법인세비용차감전 계속사업이익	14,599 (백만원)
순이익	14,887 (백만원)	자본금	2,661 (백만원)

4. 이번에는 같은 화면 아래에서 공모 정보를 확인해 보자. 확정공모가는 8,300원, 공모금액은 157억원이고, NH투자증권이 공모 주간사이며, 청약 한도는 19,000주이다.

공모 정보			
총공모주식수	1,900,871 주	액면가	500 원
상장공모	신주모집 : 1,900,871 주 (100%) / 구주매출 :		
희망공모가액	6,000 ~ 6,900 원	청약경쟁률	675.79:1
확정공모가	8,300 원	공모금액	15,777 (백만원)
주간사	우리투자증권		주식수: 380,175 주 / 청약한도: 19,000 주

5. 청약 1~2일 전에 다시 확인하기

2번 과정에서 우리는 창해에탄올의 공모 일정이 2014년 7월 21~22일이라는 것을 알았다.

청약 1~2일 전에는 다시 38커뮤니케이션에 접속하여 일정을 확인한다. **[IPO/공모]→[공모주 청약일정]**을 누른 다음 '창해에탄올'의 〈분석〉 단추를 누르면 된다. 좀 더 자세한 청약 일정이 나온다. 청약일은 2014년 7월 21~22일이고, 환불일은 7월 24일, 상장일은 7월 30일이다.

주요일정	수요예측일	2014.07.14 ~ 2014.07.15
	공모청약일	2014.07.21 ~ 2014.07.22
	배정공고일(신문)	2014.07.21 (주간사 홈페이지 참조)
	납입일	2014.07.24
	환불일	2014.07.24
	상장일	2014.07.30

6. 청약 당일, 증권사 홈페이지에서 확인하기

청약 당일, 주간사인 NH투자증권 홈페이지에 접속하여 청약정보를 최종 확인한다. 다음은 창해에탄올의 공모 주관사인 NH투자증권의 화면이다.

> 안녕하십니까, NH투자증권입니다.
>
> ㈜창해에탄올의 코스닥 시장 상장을 위한 공모 청약을 안내 드립니다.
>
> 1. 일정 및 공모 개요
> - 공모가액 : 8,300원
> - 공모규모: 15,777,229,300원
> - 청약 증거금 : 50%
> - 청약일 : 2014년 7월 21일(월)~22일(화)
> - 환불일 : 2014년 7월 24일(목)
> - 납입일 : 2014년 7월 24일(목)
> - 상장 예정일 : 2014년 7월 30일(수)
> - 공모주식수: 기명식 보통주식 1,900,871주(신주 모집 794,553주, 구주 매출 1,106,318주)

아하! 그렇구나 좀 더 장기적인 공모 일정을 알아보려면

38커뮤니케이션 사이트(www.38.co.kr)에서 [IPO/공모]를 누른 다음, [청구종목] 또는 [승인종목]을 클릭하면 된다. 그러면 앞으로 어떤 기업의 공모가 예정되어 있는지 미리 알고 장기 계획을 세울 수 있다.

필자는 [청구종목]을 눌러보았다. 목록에서 2014년 하반기 가장 뜨거운 공모 열풍을 불러올 삼성SDS가 8월 25일에 공모를 청구했음을 알 수 있다. 필자가 이 책을 쓰고 있는 시기에는 아직 삼성SDS의 공모 승인은 나지 않은 상태였다.

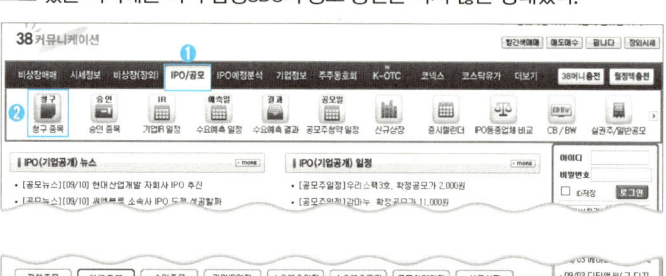

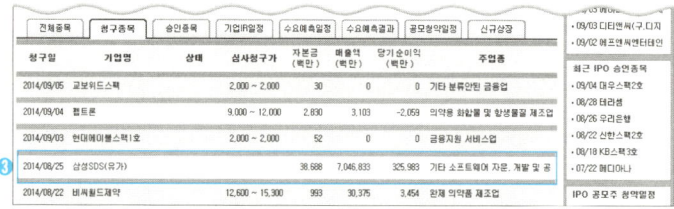

STEP 2 　공모주 투자를 위한 증권 계좌 만들기

공모 예정 기업을 찾았다면, 이제 공모를 진행하는 증권사에서 청약에 필요한 계좌를 만들어야 한다. 일부 부가 서비스는 영업점에서만 신청할 수 있으므로 방문 전에 꼼꼼히 챙겨서 한 번에 끝낼 수 있도록 한다.

시간적으로 여유가 된다면 기업공개를 많이 주선하는 대형 증권사 계좌는 당장 청약이 없더라도 미리 만들어 놓는 게 좋다. 공모주 청약을 위한 증권 계좌를 만드는 요령 3가지를 살펴보겠다.

청약 계좌와 CMA 계좌를 연계한다

가능하다면 공모주 청약을 할 수 있는 청약 계좌(위탁 계좌)와 CMA 계좌가 연계되어 있는 것이 좋다. 계좌에 현금이 있으면 자동으로 CMA 매수가 되는 CMA 상품에 가입하는 것이 좋다. 현재 NH투자증권, 신한금융투자, 신영증권에서 이런 상품을 취급하고 있다. 투자자가 일일이 CMA를 매수해야만 이자를 받을 수 있는 CMA 상품은 불편하다.

내 돈 어디 갔어요?

공모주 청약의 세계에 막 입문한 주부 K씨, 은행에서 증권사 계좌로 송금한 후 증권사 HTS를 열어보고 깜짝 놀랐다. 돈이 온 데간데없이 사라진 것이다. 아무리 뒤져봐도 없다. 급히 영업점에 전화해서 직원에게 떨리는 목소리로 하는 말이,

"내 돈 어디 갔어요???"

자초지종은 이랬다. 전날 증권사에서 계좌를 개설할 때 청약 계좌(위탁 계좌)와 CMA 계좌를 동시에 개설했고, 오늘 은행에서 송금할 때는 별다른 생각 없이 CMA 계좌로 송금했다. 하지만 HTS를 열었을 때, 대표 계좌로 등록된 청약 계좌(위탁 계좌)가 화면에 나와 있어 벌어진 재미있는 해프닝이었다.

가족 계좌를 함께 만드는 게 좋다

계좌별로 청약한도가 있어 한 개 계좌만으로는 원하는 만큼 청약할 수 없다. 미리 가족 계좌를 함께 만들어 두면 요긴하게 사용할 수 있다.

공모주 청약 통장, 한 개로는 부족해!

오늘도 어김없이 '그분'이 오셨다. 공모주 청약 날이면 빠짐없이 나타나신다. 업무직원인 김이슬 주임의 얼굴에 긴장과 짜증스러움이 살짝 스쳐간다.

"안녕하세요. 사장님! 청약하러 오셨군요?"

"오랜만이야. 분위기 어때? 많이들 하나?"

"예, 사장님. 영업직원들이 그러는데 경쟁률이 꽤 높을 것 같대요."

"그래?! 그럼, 신청서 좀 줘 봐."

김 주임은 책상 위에 있는 신청서 한 묶음을 통째로 드린다.

1시간쯤 지나서 그분이 김 주임에게 신청서 뭉치를 내미는데 족히 40장은 되어 보인다. 40장을 입력하려면 시간이 꽤 걸리는데…

오늘도 '그분' 때문에 다른 대기 고객들로부터 불평을 들을 걸 생각하니 김 주임의 얼굴이 굳어진다.

다음은 광송수신 모듈 생산업체인 오이솔루션의 청약 경험이다. 공모가는 1만원, 계좌당 청약한도는 14,000주였다. 청약 증거금은 50%이므로 한 계좌당 필요 청약금액은 7,000만원이었다. 만약 더 많은 청약을 원한다면, 가족 계좌를 만들어 청약금을 늘리면 된다.

오이솔루션: 공모가 10,000원, 계좌당 청약한도 14,000주
- 계좌당 필요 청약 증거금 7,000만원(청약금액의 50%)
- 만일 계좌를 2개 가지고 있고 1억원이 있다면,
  A 계좌에 7,000만원, B 계좌에 3,000만원을 청약하면 된다.

공모주 청약을 오랫동안 한 투자자들은 증권사마다 여러 개의 계좌를 가지고 있다. 40여 개의 계좌는 드문 사례이지만 2~3개 정도는 아주 흔하다.

베이스캠프 계좌를 만든다

히말라야 등반을 위해서는 식량 공급, 휴식, 통신을 위한 베이스캠프가 해발 4,000~5,000미터에 설치된다. 마찬가지로 공모주 청약을 위해서는 청약이 없을 때 자금을 파킹(Parking)해 둘 베이스캠프 계좌가 필요하다.

베이스캠프 계좌를 만들 때 꼭 유의할 점을 살펴보자.

첫째, 단 하루를 예치해도 이자가 붙는 CMA 계좌로 한다.

둘째, 예금잔고는 청약자격의 요건을 채우기에 도움이 되므로 이왕이면 공모주 청약을 많이 하는 증권사를 선택한다.

셋째, 이체수수료가 없는 증권사로 한다.

> **실전연습** 청약 계좌와 CMA 계좌 만들기

1. 투자할 공모주를 선택했는가? 그렇다면 주간사인 증권사에 가서 계좌를 만들자. 일단 신분증과 거래인감(서명 가능)을 가지고 공모를 주선하는 증권사의 영업점을 방문한다. 청약 때는 객장이 혼잡하므로 청약 2~3일 전에 계좌를 만드는 게 좋다.

2. 청약을 할 수 있는 계좌(위탁 계좌)와 CMA 계좌를 함께 개설한다. 가능하다면 위탁 계좌와 CMA 계좌가 연계되어, 계좌에 현금이 있으면 자동으로 CMA가 매수되는 CMA 상품[57쪽]에 가입하는 게 좋다.

3. 은행 이체 약정을 체결한다. 은행 이체 약정을 해두면 현금입출금기나 영업점에 가지 않더라도 HTS나 ARS 전화로 약정한 계좌에 간편하게 이체를 할 수 있을 뿐만 아니라 약정 계좌로 이체 시에는 송금수수료를 받지 않는 금융기관도 있어 비용을 절감할 수도 있다.

4. 이체한도는 처음부터 본인의 투자규모에 맞게 정하는 게 좋다. 이체한도는 HTS나 유선으로 증액할 수 없고, 바꾸려면 반드시 본인이 영업점에 가야만 하기 때문이다.

▼ 보안등급별 이체한도　　　　　　　　　　　　　　　　　* NH투자증권

구분		보안 1등급	보안 2등급	보안 3등급
개인	1회	1억원	5천만원	1천만원
	1일	5억원	2억 5천만원	5천만원
법인	1회	10억원	-	-
	1일	50억원	-	-
거래 이용 수단		OTP, 공인인증서	보안카드, 휴대폰 SMS (이체내역), 공인인증서	보안카드, 공인인증서

5. 계좌를 개설할 때 온라인 거래가 가능하도록 HTS를 반드시 신청해야 한다. 청약 2~3일 전에 미리 해당 증권사 홈페이지에서 HTS를 다운로드 받아 청약 때 허둥대는 일이 없도록 한다.

계좌 개설 시 HTS를 신청해 청약 2~3일 전에 미리 설치해 사용한다.

6. HTS를 통해 자금을 이체하려면 보안카드나 OTP가 반드시 필요하다. 여러 증권사에서 청약을 하려면 수시로 이체를 해야 하므로 보안에 특히 신경을 써야 한다.

OTP 카드

보안카드보다 OTP를 이용하는 게 좋다. 보안카드는 이체한도가 낮고 금융기관마다 카드를 달리하여 번거롭다. 반면 OTP는 하나로 전 금융기관에서 사용할 수 있어 편리하다. 무엇보다도 OTP는 보안성이 우수하다.

- 이왕이면 OTP 발급 수수료를 받지 않는 금융기관을 활용한다.
- 한 개의 OTP를 발급받은 뒤에 계좌 개설 때마다 금융기관 창구에 가지고 가서 등록하면 된다. HTS 사용에 익숙하다면 직접 HTS에서 등록할 수도 있다.

7. HTS를 이용하려면 공인인증서가 있어야 한다. 공인인증서가 없다면 계좌를 개설한 금융기관 홈페이지에서 신규로 발급받을 수 있다. 단 한 번만 만들면 다른 금융기관에서도 등록절차를 거쳐 사용할 수 있다. 증권사 홈페이지의 공인인증센터에서 **[인증서 발급/재발급]**을 신청하면 된다.

8. 이 모든 과정이 초보자에게는 어려울 수 있다. 이때는 증권사의 콜센터를 이용하면 친절하게 안내를 받을 수 있다. 대한민국 콜센터의 서비스는 세계 최고 수준이다.

STEP 3 공모주 옥석 가리기 ❶ ―기관의 수요 예측 경쟁률

공모 예정 종목을 무조건 청약해서는 안 된다. 청약 전에 시세차익을 얻을 수 있는 종목을 가려내는 작업, 즉 '종목 옥석 가리기'를 해야 한다. 종목 옥석 가리기를 하려면 기업분석 능력이 필요한데, 대다수의 개인투자자에게 이런 능력은 없으리라 생각된다. 그래서 차선책으로 다른 방법을 찾았다. 여기서는 그 방법을 소개하겠다.

기관의 수요 예측 경쟁률이란?

종목 옥석 가리기의 1단계는 기관의 '수요 예측 경쟁률'로 옥석을 가려내는 방법이다. 수요 예측은 청약 전에 기관투자자를 대상으로 받는 사전 청약 제도이다. 마치 건설회사가 아파트 일반 청약을 받기 전에 부동산 전문가나 고액 자산가를 대상으로 사전 수요조사를 하는 것과 유사하다. 유망한 종목일수록 기관들의 참여율이 높아 수요 예측 경쟁률이 높게 나온다. 바꾸어 말하면 수요 예측 경쟁률이 높게 나온 종목은 분석력을 갖춘 기관투자자들이 좋게 평가하는 기업이다.

'기관의 수요 예측 경쟁률 참고하기'는 일종의 커닝이다. 개인투자자가 기관투자자의 분석력을 곁눈질하여 좋은 종목을 가려내는 것이다. 기관의 수요 예측 과정은 다음과 같다.

기관투자자의 수요 예측 과정

첫째, 기관투자자들은 청약 1주일 전쯤에 수요 예측을 한다. 주식 공모를 할 때 공모가격을 결정하기 위해 기관투자자를 대상으로 공모 희망가격과 인수 희망 수량을 제시받는 것이다. 기관투자자들은 주간사가 정한 공모 희망 가격을 참고하여 희망 가격 및 수량을 적어낸다.

둘째, 주간사와 발행사는 청약 1~2일 전에 공모가를 확정하고, 배정 내역 및 기관투자자의 수요 예측 경쟁률을 공지한다.

셋째, 기관투자자들은 배정 내역에 따라 청약 의사를 표시하고 청약금액을 납입한다.

기관의 수요 예측 경쟁률로 옥석 가리는 방법

기관의 수요 예측 경쟁률은 기업내용과 공모 규모에 따라 변한다. 기관투자자들이 수요 예측에 참여할 수 있는 대기자금은 한정되어 있기 때문에, 기업가치가 높거나 공모 규모가 작을수록 경쟁률이 올라가고, 기업가치가 낮거나 공모 규모가 클수록 경쟁률이 내려온다. 기관의 수요 예측 경쟁률은 50대 1이 안 되기도 하고 500대 1을 훌쩍 넘기도 한다. 절대적 기준이 되는 경쟁률은 말하기 어렵다. 그렇다면 어떤 방법으로 옥석 가리기를 하면 될까?

기관 경쟁률 300대 1 이상이면 믿고 청약해도 된다

기관의 수요 예측 경쟁률이 300대 1 이상인 종목은 기관투자자에게 인기 있는 종목이다. 이런 종목은 믿고 청약해도 된다. 2013년 공모주

(총 40개 종목) 중 20개 종목이 300대 1 이상이었고, 그중 시초가가 공모가에 미치지 못했던 종목은 단 1개 종목에 불과했다.

기관 경쟁률 100대 1 이하는 버려라

기관의 수요 예측 경쟁률이 100대 1이 안 되는 종목은 기관투자자가 외면한 종목이다. 이런 종목은 포기하는 게 낫다(단, 스팩[39쪽]은 예외). 2013년 공모주 중 6개 종목(공모금액 500억원 이하)이 100대 1 이하였고, 그중 4개 종목의 시초가가 공모가 수준이거나 그 이하에서 결정되었다.

▼ 기관의 경쟁률이 100대 1 이하인 공모주의 시초가

종목	공모가	기관의 수요 예측 경쟁률	시초가
우리이앤엘	4,900원	12대 1	4,410원
원팩	4,000원	47대 1	4,050원
삼목강업	2,600원	29대 1	3,440원
에이씨티	8,100원	63대 1	12,000원
기가레인	5,500원	46대 1	4,950원
솔루에타	24,000원	66대 1	21,600원

기관의 수요 예측 경쟁률이 100대 1 이하인 경우, 상장 후 시초가가 공모가에 비해 떨어지는 경향이 자주 일어났다.

공모금액 1,000억원 이상인 종목은 예외이다

공모금액이 크면 기관의 수요 예측 경쟁률이 당연히 낮아진다. 공모금액이 100억원인 종목과 1,000억원인 종목의 경쟁률을 동일하게 취급하면 안 된다.

다음의 표는 2010년 이후 공모금액이 1,000억원 이상인 주요 종목의 수치이다. 기관의 수요 예측 경쟁률과 수익률 사이에서 의미 있는 관계를 발견하기가 쉽지 않다. 물론 하이마트, GS리테일, 삼성생명처

럼 기관의 수요 예측 경쟁률이 낮은 종목은 수익률이 나빴고, 쿠쿠전자처럼 경쟁률이 높은 종목은 수익률이 높았다. 하지만 좋고 나쁨의 기준이 되는 경쟁률을 찾기는 어렵다.

▼ 공모금액 1,000억원 이상 기업의 기관 수요 예측 경쟁률과 수익률

종목	공모금액	기관의 수요 예측 경쟁률	공모가	상장 시초가	수익률 (공모가/ 시초가×100)	
삼성생명	4조 8,881억원	9대 1	110,000원	119,500원	108%	공모금액이 1,000억원 이상인 공모주는 기관의 수요 예측 경쟁률과 시초가 수익률과의 연관성이 적다.
만도	4,980억원	16대 1	83,000원	97,000원	116%	
현대위아	5,200억원	100대 1	65,000원	76,500원	117%	
하이마트	4,197억원	3대 1	59,000원	53,100원	90%	
GS리테일	3,003억원	26대 1	19,500원	19,500원	100%	
현대로템	6,223억원	58대 1	23,000원	33,700원	146%	
쿠쿠전자	2,548억원	598대 1	104,000원	180,000원	173%	

공모금액이 1,000억원 이상인 종목을 기관의 수요 예측 경쟁률만으로 옥석을 가리기는 힘들다. 오히려 뉴스가 분위기를 파악하는 데 큰 도움이 될 것이다.[122쪽]

실전연습 기관의 수요 예측 경쟁률로 공모주 옥석 가리기

인터파크INT는 인터파크가 지분 71.1%를 보유한 기업으로 온라인 쇼핑, 도서, 엔터테인먼트, 투어 등의 상품을 판매하는 무점포 소매업체이다. 공모주 청약 후 2014년 2월 5일에 상장되었다. 공모가는 7,700원이었는데, 시초가는 17,700원으로 공모가보다 130%나 오르는 대박을 터뜨렸다. 인터파크INT의 공모주 청약 당시, 기관의 수요 예측 경쟁률이 어떠했는지 살펴보자.

1. 기관의 수요 예측 경쟁률

인터파크INT는 기관을 대상으로 한 사전 수요 예측 과정에서 기관투자자들의 수요 예측 경쟁률이 505.3대 1로 대단히 높았다. 보통 기관의 경쟁률이 300대 1만 되어도 양호한 것으로 평가된다. 기관투자자들이 수요 예측에서 폭발적인 관심을 보인 것이다.

▼ 인터파크INT, 기관투자자의 공모 신청 건수와 수량

구분	참여 건수	신청 수량	단순 경쟁률
국내 기관투자자	232건	899,759,000주	
해외 기관투자자	355건	1,507,741,093주	505.3대 1
합계	587건	2,407,500,093주	

2. 수요 예측 신청가격의 분포

인터파크INT 공모 주간사가 정한 공모 희망가격 밴드는 5,700~6,700원이었다. 기관투자자들이 이를 참고하여 공모주 청약 희망 가격 및 수량을 적어낸다.

다음의 표는 인터파크INT 공모주 청약에서 기관들이 가격대별로 얼마나 신청했는지를 한눈에 보여준다.

인터파크INT 공모주 청약 주간사의 공모 희망가격 밴드는 5,500~6,700원이었는데, 기관투자자들이 신청한 공모 희망가는 8,000원 미만이 4.2%에 불과했고, 대부분이 8,000원 이상을 신청했다. 게다가 가격에 관계없이 공모주를 꼭 받겠다는 의사표현인 '가격 미제시'도 8.1%나 나왔다.

▼ 인터파크INT, 기관투자자의 공모 희망가격과 신청 수량

구분	참여 건수	신청 수량	비율
10,000원 이상	74건	330,962,951주	13.8%
9,000원 이상 10,000원 미만	194건	855,259,579주	35.5%
8,000원 이상 9,000원 미만	225건	923,551,711주	38.4%
8,000원 미만	37건	102,244,096주	4.2%
가격 미제시	57건	195,481,756주	8.1%
합계	587건	2,407,500,093주	100.0%

> 기관의 91.9%가 주간사가 제시한 희망 공모가보다 훨씬 높은 희망가격을 제시했다. 공모가가 얼마든 신청하겠다는 기관도 8.1%나 되었다.

3. 의무보유 확약 내역

'의무보유 확약'이란 A라는 기관투자자가 의무보유 기간으로 1개월을 확약하여 공모주 물량을 배정받았다면, 주식 상장 후 1개월 이내에는 그 주식을 매도하지 않겠다는 약속이다. '의무보유 확약'을 하는 기관투자자는 물량 배정 시 우대를 받을 수 있기 때문에 이런 불이익을 감수한다.

다음은 인터파크INT의 의무보유 확약 내역이다.

▼ 인터파크INT, 기관투자자의 의무보유 확약 비율

구분	신청 수량
3개월 확약	759,919,978주
1개월 확약	617,722,634주
2주일 확약	168,212,825주
합계	1,545,855,437주
총 수량 대비 비율	64.2%

> 기관투자자들은 인터파크INT 공모주에 대해 64.2%나 의무보유 확약을 했다. 드물게 높은 수치로 기관투자자들의 뜨거운 공모 열기를 볼 수 있다.

인터파크INT에 대한 기관투자자들의 의무보유 확약 비율은 64.2%로 전례 없이 높은 수치이다. 의무보유 확약 비율이 0%인 기업이 태반이며, 인기 있는 공모기업도 30%를 거의 넘지 못한다.

의무보유 확약 비율이 30%가 넘는 기업은 기관투자자들의 낙점을 받은 기업이라고 보면 된다. 그래서 인터파크INT의 의무보유 확약 비율 64.2%는 개인투자자들에게 확신을 주는 수치가 된다.

4. 주당 확정 공모가 확인하기

인터파크INT와 공모 주간사인 KDB대우증권 등은 위와 같은 기관투자자들의 수요 예측 결과 및 시장상황 등을 감안하여 협의한 후 확정 공모가를 7,700원으로 결정했다.

> 기관의 수요 예측 경쟁률만 보면 공모가를 더 높일 수도 있겠지만, 공모주 주간사와 발행사는 흥행이나 상장 후의 예상 주가까지 고려하여 공모가를 낮게 결정한 것으로 판단된다.

> **STEP 3**　공모주 옥석 가리기 덤&덤―뉴스 및 정보 수집 채널

뉴스를 활용해 공모주의 옥석을 가리는 방법도 있다. 청약 때가 되면 기관의 수요 예측 경쟁률에 대한 시장 반응이 뉴스로 실린다. 그 반응을 곁눈질하는 것도 하나의 방법이다.

희망적인 공모주 기사의 예

다음의 기사는 2014년 7월 쿠쿠전자의 기관 수요 예측이 성황리에 마감되었음을 전해준다. 기사를 통해 기관들의 열기가 대단히 뜨거웠음을 알 수 있다. 특히 대형 공모주의 경우 시장의 관심이 높아 기관의 수요 예측 상황이 상세히 보도되는 편이어서 뉴스의 도움을 받을 수 있다.

○○신문　　　　　　　　　　　　　　　　　　　　　　　2014년 7월

쿠쿠전자, 기관투자자 공모 청약 뜨거운 관심
수요 예측 결과, 공모가 10만 4,000원 확정

쿠쿠전자는 28일에 그동안 기관투자자를 대상으로 진행한 수요 예측 결과 공모가가 10만 4,000원으로 확정되었다고 전했다.
원래 공모가 희망 밴드는 8만원~10만 4,000원이었다. 쿠쿠전자의 총 공모금액은 약 2,549억원이며, 이번 기관투자자들의 경쟁률은 598.86대 1이었다.
그런데 기관투자자들이 참여하는 수요 예측에서 거의 대부분에 달하는 99% 이상이 공모가로 희망 밴드의 상단인 10만 4,000원 이상을 제시하며 높은 관심을 보였다. 특히 공모주를 꼭 받겠다는 의무보유 확약 비율이 65.18%에 달해 기관투자자들의 뜨거운 열기를 반영했다.

분위기가 시들한 공모주 기사의 예

다음의 기사는 공모주 시장 분위기가 나빠지고 있고, 해당 회사의 청약 시에 보수적 접근이 필요하다는 힌트를 제공한다.

실제로 2013년 12월 기사에 등장한 솔루에타는 상장 첫날에 주가가 공모가인 24,000원보다 2,400원이나 낮은 21,600원부터 시작했다. 공모주는 주로 할인발행이 되어 이런 경우는 극히 적지만, 항상 신문기사 등에 관심을 가지고 주의해야 한다.

> ○○신문   2013년 12월
>
> **솔루에타, 기관 수요 예측 경쟁률 시들**
> 공모가 2만 4,000원 확정
>
> 솔루에타는 일반 공모주 청약을 앞두고, 기관 수요 예측을 실시했으나 <u>단순 경쟁률이 66.88대 1</u>로 나왔다.
> 원래 희망 공모 밴드는 2만 8,000~3만 2,000원이었으나, 공모가는 오히려 <u>희망 공모 밴드보다도 아래인 2만 4,000원</u>으로 결정되었다. 특히 2만 4,000원 아래의 가격을 제시한 곳도 33.7%나 되었다. 이번 솔루에타의 기관투자자 공모는 <u>공모주에 대한 기관투자자들의 투자심리가 얼어붙고 있음을 보여준다.</u>

정보 수집 채널을 활용한다

이밖에도 다양한 정보 수집 채널을 이용해 정보를 얻을 수 있다.

기업공개 전문 사설 사이트

38커뮤니케이션(www.38.co.kr)에 접속한 다음에 **[IPO/공모]→[공모주 청약 일정]→[청약 종목]**을 선택하여 좀 더 자세한 정보를 보면 된다.

의무보유 확약비율

구분	신청수량(단위:주)
3개월 확약	759,919,978
1개월 확약	617,722,634
2주일 확약	168,212,825
합계	1,545,855,437
총 수량 대비 비율(%)	64.2%

수요예측 참여내역

구분	참여건수	신청주식수	단순경쟁
국내기관투자자	232건	899,759,000주	
해외기관투자자	355건	1,507,741,093주	505.3 :1
합계	587건	2,407,500,093주	

기업공개 전문 사이트인 38커뮤니케이션에서 기관의 수요 예측 경쟁률을 확인하는 모습

금융감독원의 전자공시시스템 이용하기

금융감독원의 전자공시시스템(DART, http://dart.fss.or.kr)에 접속한 다음에 '청약종목'을 입력하고, '투자설명서'를 클릭하면 자세한 정보를 볼 수 있다. 또한 [모집 또는 매출에 관한 일반사항]을 누른 다음에 [3.공모가격 결정방법]을 클릭하고 [수요 예측 결과]를 눌러도 주요 정보를 확인할 수 있다.

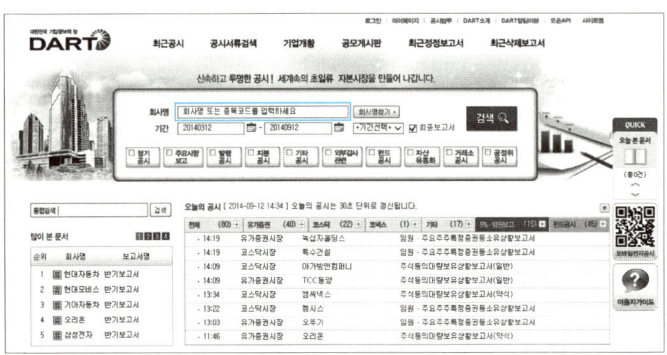

> **STEP 3** 공모주 옥석 가리기 ❷ —공모주의 장외가격

대부분의 공모주 종목들이 상장 전에 이미 장외시장에서 거래가 이루어지고 있다. 장외 거래상황을 참고하면 상장 후의 주가를 예상해 볼 수 있다. 하지만 거래량이 많지 않아 적은 수량에도 시세가 들쑥날쑥 변하고, 가끔 이해관계가 있는 세력이 시세를 조종하는 사례도 있는 만큼 장외주가를 완전히 신뢰할 수는 없다. 부분적으로만 신뢰하고 참고용으로 활용해야 한다.

장외주가가 공모가보다 약간 높은 경우

2014년 5월 상장된 BGF리테일은 공모가가 41,000원이었다. 그런데 공모 직전에 장외주가는 무려 60,000원이었다. 역시 BGF리테일의 주가는 상장 첫날에 57,000원에 시작해 공모주 투자자들은 39%의 시세차익을 남겼다.

반면, 파수닷컴은 2013년 10월 상장했는데, 공모가가 5,800원이었다. 그런데 공모 직전 장외주가는 6,500원으로, 공모가보다 불과 10%밖에 높지 않았다. 실제로 상장 첫날의 주가는 6,000원이었다. 파수닷컴 공모주 투자자들은 시세차익을 거의 남기지 못했다.

공모 전 장외주가와 상장 시초가, 예외도 있다

2013년 10월 상장된 테스나의 공모가는 13,500원이었고, 공모 직전 장외주가는 16,000원으로 공모가보다 18% 높았다. 하지만 상장 첫날

종가는 13,050원으로 오히려 공모가보다 낮았다. 설상가상으로 주가는 상장 보름 만에 9,000원까지 떨어졌다. 앞에서도 말했지만, 공모주 투자에서 장외주가는 참고만 해야지 맹신해서는 절대 안 된다.

앞에서 살펴본 파수닷컴과 테스나 공모의 예에서 볼 수 있듯이, 장외주가와 공모가의 차이가 크지 않으면 신뢰도가 떨어지므로 조심해야 한다.

[실전연습] 장외주가로 공모주 옥석 가리기

공모 예정 종목의 장외주가 정보를 알아보는 방법을 살펴보자.

1. 인터넷 검색을 통해 쉽게 공모 예정 종목의 장외주가를 알 수 있다.
매일 오후 6시쯤 포털 사이드 검색창에 '장외주식'이라고 입력하면, 이데일리, 머니투데이 등 여러 매체에서 올린 장외주가를 확인할 수 있다.

▼ 인터넷 검색을 통해 본 언론사의 장외주가 시세표

2014-09-18   www.pstock.co.kr   피스탁   Tel)02-782-1544~5
장외시세표 / IPO시세표 (단위:원)

	종목	팔자	사자	기준가	전일대비	액면가	등락율
장외주	미래에셋생명	8400	8200	8300	-100	5000	-1.19%
	삼성메디슨	6400	6300	6350	0	500	0.00%
	삼성자산운용	25000	22500	23750	0	5000	0.00%
	세메스	240000	220000	230000	0	5000	0.00%
	스포츠토토	8000	7000	7500	0	5000	0.00%
	시큐아이	20500	18500	19500	0	500	0.00%
	엘지씨엔에스	37000	36000	36500	0	500	0.00%
	카카오	240000	220000	230000	0	5000	0.00%
	포스코건설	68000	66000	67000	1500	5000	2.29%
	현대엠투자증권	570	550	560	5	500	0.00%
IPO종목	데브시스터즈	70000	67000	68500	2500	500	3.79%
	삼성SDS	335000	330000	332500	31000	500	10.28%
	안트로젠	22000	19000	20500	0	500	0.00%
	알테오젠	27000	24700	25850	100	500	0.39%
	영우디에스피	9100	7000	8050	-50	500	-0.62%
	펩트론	15500	14700	15100	100	500	0.67%
	휴메딕스	38000	35000	36500	0	500	0.00%
	NS쇼핑	250000	210000	230000	0	5000	0.00%

자료제공 : Pstock (www.pstock.co.kr/02-782-1544~5)

2. IPO 전문 사이트인 38커뮤니케이션(www.38.co.kr)에 접속한 다음에 [시세정보]를 누르면 장외 비상장주식, 장외주식 등의 가격을 확인할 수 있다. 또한 IPO 정보를 주로 다루는 PSTOCK (www.pstock.co.kr)에서도 장외주가를 확인할 수 있다.

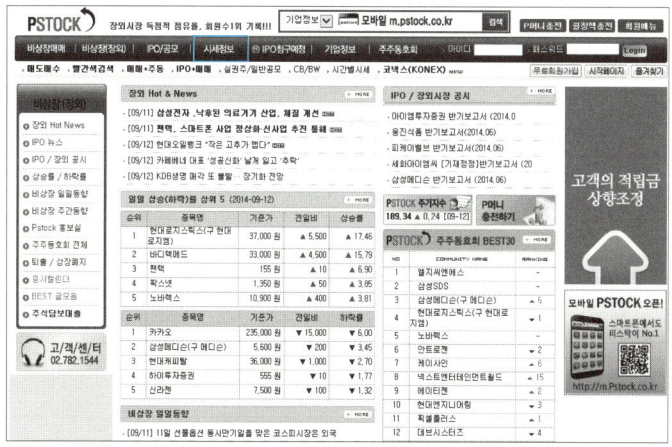

IPO 전문 사이트인 38커뮤니케이션, PSTOCK 등에서도 장외주가를 확인할 수 있다.

STEP 3 공모주 옥석 가리기 ❸ —마감 전 청약 경쟁률

기관의 수요 예측 경쟁률이 기관투자자의 참여율이라면, 청약 경쟁률은 개인과 법인투자자의 참여율이다. 청약 경쟁률은 공모주 종목에 따라, 시장 상황에 따라 천차만별이다. 공모금액에 미달하여 청약 경쟁률이 1대 1이 안 되는 것부터 1,000대 1을 훌쩍 넘기는 것까지 다양하다.

청약 경쟁률과 상장 후 시초가의 상관관계

다음 표를 보면 청약 경쟁률이 높을수록 상장 후 시초가가 높은 것을 확인할 수 있다.

▼ 청약 경쟁률과 상장 후 시초가의 상관관계

종목	청약 경쟁률	공모가	시초가
키움제2호스팩	0.39대 1	2,000원	2,020원
우리이엔엘	3대 1	4,900원	4,410원
지엔씨에너지	1,251대 1	6,000원	12,000원
금호엔티	987대 1	3,100원	6,200원

청약경쟁률이 높다는 것은 그 종목에 대한 투자자의 평판이 좋다는 것이다. 다수가 좋게 보는 종목에 투자하면 성공 확률이 높다. 물론 대다수가 잘못 판단하는 경우도 있을 수 있다. 하지만 공모주 시장에서 경험한 바로는 다수의 판단이 옳았던 경우가 압도적으로 많았다. 2013년 공모주(총 40개 종목) 중 청약 경쟁률이 200대 1 이상에도 불구하고, 시초가가 공모가 이하였던 종목은 단 1개 종목에 불과했다.

청약 2일째, 마감 30분~1시간 전에 최종 판단

청약은 2일 동안 받지만 대부분의 투자자는 2일째에 청약한다. 필자는 2일째 마감 30분~1시간 전의 경쟁률을 보고 청약을 할지, 얼마를 청약할지를 최종 결정한다. 경쟁률이 너무 낮으면 청약을 포기한다. 공모주 청약의 가장 큰 리스크는 원하는 수량 이상을 받아 손실을 보는 것이기 때문이다.

실전연습 마감 전 청약 경쟁률 확인하기

청약 경쟁률은 여러분이 청약을 한 증권사의 홈페이지에서 확인할 수 있다.

청약 2일째 마감 1시간 전, 인터파크INT의 주간사인 KDB대우증권의 홈페이지에서 확인해 보니 청약 경쟁률이 400대 1이었다. 투자자들의 평판이 좋은 것으로 판단되어 일단 긍정적이다.

[실전연습] 공모주의 옥석을 가리는 총 3단계 실습

우리는 앞에서 공모주의 옥석을 가리는 3단계를 익혔다. 여기에서는 2014년 7월에 공개된 '창해에탄올'이 투자를 할 만한 종목인지, 옥석을 가리는 과정을 실제로 따라해 보겠다.

[1단계] 기관의 수요 예측 체크하기

1. 38커뮤니케이션(www.38.co.kr)에 접속한 후 **[IPO/공모]→[공모주 청약일정]**을 누른 다음에 '창해에탄올'의 〈분석〉 단추를 누른다. 그러면 기관의 수요 예측 참여 내역이 나온다.

창해에탄올의 기관 수요 예측 경쟁률은 578.2대 1로 기준 경쟁률인 300대 1을 넘는다. 일단 공모해 볼 가치가 있다는 의미이다.

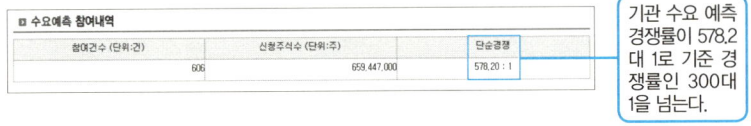

기관 수요 예측 경쟁률이 578.2대 1로 기준 경쟁률인 300대 1을 넘는다.

2. 이제 창해에탄올의 수요 예측 신청가격 분포를 보자. 공모 주간사의 희망 공모가격은 6,000~6,900원이었다. 그런데 기관투자자들의 수요 예측 신청가격은 희망 공모가격의 최고액인 6,900원을 훌쩍 넘는다. 100%가 그보다 높은 공모가를 제시했다. 기관투자자들이 창해에탄올의 공모 투자에 매우 긍정적인 반응을 보이고 있음을 알 수 있다.

수요예측 신청가격 분포			
구분	참여건수 (단위:건)	신청주식수 (단위: 주)	비율(%)
9,000원 이상	504	546,156,000	82.8
8,500원 이상 ~ 9,000원 미만	75	84,390,000	12.8
8,000원 이상 ~ 8,500원 미만	20	22,800,000	3.5
7,500원 이상 ~ 8,000원 미만	4	3,560,000	0.5
6,900원 이상 ~ 7,500원 미만	3	2,541,000	0.4
합계	606	659,447,000	100

기관의 공모 희망가격이 100% 희망 공모 밴드 (6,000~6,900원)보다 훨씬 높을 정도로 인기가 높다.

3. '의무보유 확약 비율'을 보면, 기관투자자들이 15일 이상 의무보유 하겠다고 확약한 비율이 59.5%나 된다. 긍정적인 신호이다.

의무보유 확약비율	
구분	신청수량(단위:주)
15일 확약	34,955,000
30일 확약	357,301,000
합계	392,256,000
총 수량 대비 비율(%)	59.5

기관의 의무보유 확약 비율이 59.5%나 된다.

공모주 청약 옥석 가리기의 90%가 1단계인 '기관의 수요 예측 경쟁률'에서 결정된다. 그만큼 기관의 수요 예측 경쟁률이 중요한 지표이다. 기관의 수요 예측 경쟁률이 300대 1을 월등히 넘고, 의무보유 확약 비율도 60%에 근접하므로 1단계 옥석 가리기 통과!

2단계 장외가격으로 옥석 가리기

2014년 7월 21일(청약 1일째) 오후 6시쯤 포털 사이트 검색창에 '장외주식'을 입력한 후 이데일리, 머니투데이 등에서 올린 장외주가를 확인한다. 다음은 창해에탄올의 청약 1일째인 2014년 7월 21일의 장외가격 시세이다. 7월 21일 장외가격은 15,050원으로, 공모가 8,300원의 두 배에 육박할 정도로 강세를 유지하고 있다. 2단계 통과!

	2014-07-21	www.pstock.co.kr		피스탁		Tel)02-782-1544~5	
장외시세표 /IPO시세표(단위:원)							
	종목	팔자	사자	기준가	전일대비	액면가	등락률
장외주요종목	미래에셋생명	7500	7000	7250	150	5000	2.11%
	삼성메디슨	7300	7100	7200	50	500	0.70%
	삼성자산운용	25000	22000	23500	0	5000	0.00%
	삼성SDS	198000	196000	197000	0	500	0.00%
	세메스	250000	240000	245000	0	5000	0.00%
	스포츠토토	9000	7000	8000	0	5000	0.00%
	시큐아이	18500	17500	18000	0	500	0.00%
	엘지씨엔에스	24300	24000	24150	0	500	0.00%
	카카오	175000	165000	170000	6000	5000	3.66%
	포스코건설	75000	73000	74000	0	5000	0.00%
	하이투자증권	550	500	525	0	500	0.00%
	한국증권금융	11500	10500	11000	100	5000	0.92%
	현대다이모스	42500	41000	41750	-250	5000	-0.60%
	현대로지스틱스	19500	18500	19000	250	5000	1.33%
	현대삼호중공업	50000	47000	48500	0	5000	0.00%
	현대엔지니어링	595000	565000	580000	-2500	5000	-0.43%
	현대엠엔소프트	42300	40000	41150	0	500	0.00%
	현대카드	12500	12000	12250	0	5000	0.00%
	KT파워텔	6500	6000	6250	0	500	0.00%
	LS전선	35000	31000	33000	0	5000	0.00%
	NS쇼핑	200000	190000	195000	0	5000	0.00%
IPO종목	넥스트엔터테인먼트월드	23000	21000	22000	250	500	1.15%
	덕신하우징	21500	20000	20750	-250	500	-1.19%
	신화콘텍	12400	12000	12200	-50	500	-0.41%
	창해에탄올	16000	14100	15050	750	500	5.24%
	파버나인	14700	14300	14500	-600	500	-3.97%

자료제공 ; Pstock (www.pstock.co.kr/02-782-1544~5)

청약 1일째 오후 6시쯤 장외주가를 확인하는 모습

3단계 마감 전 청약 경쟁률로 옥석 가리기

창해에탄올의 공모 주간사였던 NH투자증권 홈페이지에서 확인하니 청약 2일째 오후 3시 현재 청약 경쟁률은 600대 1 수준이었다.

3단계 통과!

◯ 1,2,3단계 옥석 가리기 결과, 창해에탄올은 청약하기에 적합한 종목으로 판정!

STEP 4 공모주 청약 자격을 미리 확인해 맞추기

이제 청약을 결심했으니 청약 방법을 알아보자. 모든 개인투자자가 공모주 청약을 할 수 있는 것은 아니다.

청약 자격 확인하기

증권사마다 '개인투자자 청약 자격 요건'이 다르다. 어떤 증권사는 청약일 현재 계좌만 있으면 청약을 할 수 있다. 하지만 어떤 증권사는 고객의 기여도(예탁자산 평잔, 급여이체 계좌 개설, 펀드 가입 등)에 따라 고객을 일반과 우대로 구분하고, 우대 고객에게 공모주를 더 많이 배정해 주기도 한다. 이를테면 일반 고객의 청약 한도가 1만 주라면, 우대 고객은 그 2배인 2만 주까지 청약할 수 있도록 하는 식이다. 따라서 청약을 하기 전에 반드시 해당 증권사의 청약 자격 요건부터 확인하고 되도록이면 우대고객이 될 수 있도록 미리 준비해야 한다.

청약 자격을 확인하는 3가지 방법

첫째, 여러분이 투자하고 싶은 공모주의 주간 증권사의 홈페이지에 접속해서 청약 자격을 확인한다. 다음은 NH투자증권의 공모주 청약 자격및 청약 한도를 보여주는 화면이다.

- 청약자격 및 청약한도

청약한도	자격요건	청약채널	
		지점/고객센터	온라인
200%	① 적립식펀드 직전 6개월 중 6회 이상 월 100만원 이상 납입 ② 입의식/거치식 펀드 청약 전월 말잔 2천만원 이상 ③ ELS/DLS 배정 직전 3개월간 2천만원 이상(3개월간 인정) ④ 직전 3개월간 수익 100만원 이상 → 1개 이상 충족하는 경우	가능	가능
150%	① 적립식펀드 직전 6개월 중 6회 이상 월 50만원 이상 납입 ② 입의식/거치식 펀드 청약 전월 말잔 1천만원 이상 ③ ELS/DLS 배정 직전 3개월간 1천만원 이상(3개월간 인정) ④ 직전 3개월간 수익 50만원 이상 → 1개 이상 충족하는 경우	가능	가능
100%	① 총자산 직전 3개월간 평잔 3천만원 이상 ② 주식거래 약정 직전 3개월간 1억원 이상 ③ 최근 3개월내 당사 신규 고객 또는 휴면 후 재유입 고객으로서 청약 전월 말잔 1억원 이상	가능	가능

NH투자증권 홈페이지에서 확인한 공모주 청약 자격 및 청약 한도

둘째, 금융감독원의 전자공시시스템에서 공모주 발행사가 공시한 투자설명서에서도 공모주 청약 자격 및 청약 한도를 확인할 수 있다.

금융감독원의 전자공시시스템(http://dart.fss.or.kr)에 접속한 다음에 '청약 종목명'을 입력한 후 **[투자설명서]→[모집 또는 매출에 관한 일반사항]→[모집 또는 매출절차 등에 관한 사항]→[청약방법]→[일반청약자의 청약자격]**을 클릭하면 된다. 다음은 금융감독원의 전자공시시스템에 명시되었던 쿠쿠전자의 청약 자격 및 청약 한도이다.

【 NH 투자증권㈜의 일반청약자 배정물량, 최고청약한도 및 청약증거금율 】

구 분	일반청약자 배정물량	최고 청약한도	청약증거금율
NH 투자증권㈜	343,118주	17,000주(★)	50%

(★) NH 투자증권㈜의 일반청약자 최고청약한도는 17,000주이나 NH 투자증권㈜의 우대기준 및 청약단위에 따라 8,500주(0.5배), 25,500주(1.5배) 및 34,000주(2배)까지 청약 가능합니다.
우대기준에 관한 사항은 『제1부 모집 또는 매출에 관한 사항 - Ⅰ. 모집 또는 매출에 관한 일반 사항 - 4. 모집 또는 매출절차 등에 관한 사항 - 다. 청약방법- (7) 일반청약자의 청약 자격』을 참고하시기 바랍니다.

금융감독원의 전자공시시스템에서 확인한 쿠쿠전자 공모주의 청약 자격 및 청약 한도

셋째, 38커뮤니케이션 사이트(www.38.co.kr)에서는 모든 증권사의 청약 자격을 한 화면에서 조회할 수 있다. 가장 편리하지만 정확성이 떨어지는 단점이 있다. **[IPO/공모]→[공모주 청약자격]**을 누르면 된다.

공모주 청약 자격을 미리 맞추기

공모주 청약이 예정된 증권사의 청약 자격 및 청약 한도 등을 확인했으면, 이제 청약 자격을 맞추는 것이 좋다.

첫째, 일반적으로 공모주 청약 자격은 1~3개월 전부터 맞추어야 한다. 38커뮤니케이션 사이트 등을 통해 공모주 청약 예정 일정을 확인하고 미리 청약 자격을 갖추어 놓자.

둘째, 먼저 기업공개(IPO) 및 공모주 청약을 자주 하는 핵심 증권사의 청약 자격을 맞추는 것이 좋다. 그러고도 여윳돈이 있으면 핵심 증권사에 넣어 청약 자격을 맞춘다. 현재 IPO를 가장 많이 하는 핵심 증권사는 NH투자증권과 한국투자증권이다.

실전연습 공모주의 청약 자격을 미리 확인하고 맞추기

공모주 청약 자격을 미리 확인하고 조건을 맞추는 방법을 알아보자. '창해에탄올'의 공모 주간사인 NH투자증권의 공모주 청약 자격을 점검해 보겠다.

1. NH투자증권(www.wooriwm.com)의 HTS에 접속한 다음에 **[온라인지점]→[청약/권리]→[공모주청약종합]**을 누른다. 또는 NH투자증권 HTS의 검색창에서 바로 청약안내 번호인 '8605'를 입력해도 된다.

2. NH투자증권의 창해에탄올 공모주 청약 조건을 확인할 수 있다. 134쪽의 NH투자증권 청약자격 화면을 보면, 공모주 청약 한도가 100%가 되려면 총 자산은 공모 직전 3개월(4~6월) 동안 평잔이 3,000만원 이상이어야 한다. 이 조건을 맞추기 위해서는 CMA 계좌에 미리 돈을 넣어두어야 한다. 3개월 평잔 3,000만원을 맞추기 위해서는 3,000만원을 3개월 동안 넣어두거나 9,000만원을 1개월 동안 넣어야 한다.

아하! 그렇구나 증권사별 공모주 청약 자격 맞추기의 3가지 사례
- 3개월 평잔 3,000만원 이상 맞추기(NH투자증권)
- CMA 급여계좌 등록 후 매월 50만원 이상 입금하기(한국투자증권)
- 펀드(주식형·채권형·혼합형) 1,000만원 이상 가입하기(NH투자증권)

> **STEP 5** 청약 2일째, 공모주 실제로 청약하기

공모주 청약, 2일째가 좋은 이유

공모주는 청약 2일째에 경쟁률 추이를 지켜보다가 청약 마감 전에 하는 것이 좋다. 그 이유는 무엇일까?

첫째, 최종 경쟁률을 가늠할 수 있을 때까지 최대한 늦추기 위해서이고, 둘째, 단 하루 이자라도 챙기기 위해서이다. 일단 청약 증거금으로 들어간 돈에 대해서는 이자가 붙지 않기 때문이다. 굳이 첫째 날에 투자하여 하루치 CMA 이자를 못 받을 이유가 없다. 잊지 말자. 티끌모아 태산이다.

또한 공모주 청약은 되도록 온라인으로 하는 것이 좋다. 대부분의 증권사가 온라인으로 청약하면 청약수수료가 없을 뿐만 아니라 오프라인에 비해 시간이 절약되고 편리하다. 게다가 청약일, 특히 청약 2일째 객장은 청약을 하려는 고객으로 엄청 붐비기 때문이다.

[실전연습] 공모주 청약하기

1. 청약 2일째에 경쟁률 추이를 지켜보다가 청약 마감(오후 3시 30분 또는 4시) 30분~1시간 전에 청약을 한다.

필자가 창해에탄올의 공모주 청약 2일째 오후 3시에 청약 경쟁률을 확인해 보았더니 600대 1이었다. 청약 경쟁률이 적당하다고 판단해서 청약을 하기로 결정했다.

2. 공모 주간 증권사의 공모주 청약 신청 창을 연다. 필자가 청약한 창해에탄올의 주간사는 NH투자증권이었다. 해당 증권사 HTS에 접속한 다음에 **[온라인지점]→[청약/권리]→[공모주청약종합]**을 누르면 된다. 그러면 '공모주 청약 신청' 창이 나타나는데, '공모주 계좌번호'와 '비밀번호'를 입력한다.

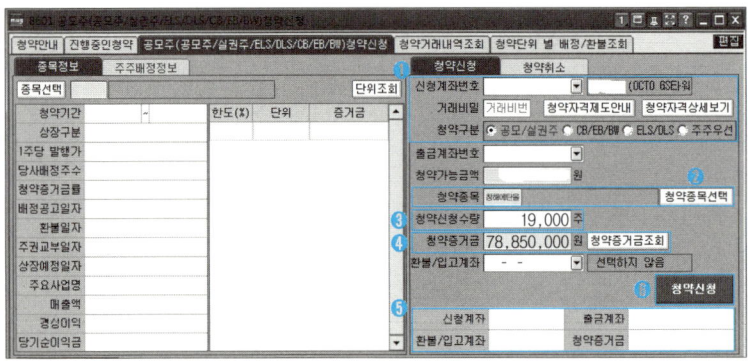

3. 이제 〈청약종목 선택〉을 누른 후 청약할 공모주를 선택한다. 필자는 '창해에탄올'을 선택했다.

4. 청약 신청 수량을 결정해 입력한다. 청약자격, 보유자금, 예상 청약 경쟁률을 고려하여 결정하면 된다. 필자는 청약 수량에 '19,000'주를 입력했다. 창해에탄올의 개인당 청약 한도가 19,000주였다.

5. 〈청약 증거금 조회〉 단추를 누르면 청약 신청 수량에 따른 청약 증거금을 보여준다.

청약 증거금은 청약금액의 50%이다(단, 스팩*은 100%). 만약 청약금액이 1억원(공모가 1만원×신청수량 1만주)이라면, 청약 증거금은 5,000만원(1억원×50%)이 된다. 필자는 창해에탄올 공모에 19,000주를 청약하기로 했고, 청약 증거금은 7,885만원이었다.

6. 베이스캠프(CMA 계좌)에 예치되어 있는 자금에서 청약계좌로 청약 증거금을 입금한다.

7. 이제 공모주 청약에 필요한 내용을 모두 입력했다. 〈청약 신청〉을 클릭한다.

8. "투자설명서를 교부받으시겠습니까?"라는 화면이 뜨면 〈예(수령)〉 단추를 클릭한다. 그리고 '청약투자설명서 확인' 창이 나타나면, 체크 표시를 한 후 〈투자설명서 확인하기〉를 클릭한다. 그러면 투자설명서 확인 화면이 나타나는데, 읽어본 후 〈확인〉을 누르면 된다.

9. 이제 '주문 확인창'이 나타난다. 주문이 제대로 되었는지 꼼꼼하게 체크한 후 〈확인〉을 클릭하면 된다. 이것으로 공모주 청약 신청을 모두 마쳤다.

아하! 그렇구나 스팩(SPAC)
비상장기업을 인수·합병을 해서 우회상장을 하기 위한 목적으로 설립된 서류상 회사로 '기업인수목적회사'라고도 한다. 기업의 입수·합병에 성공하면 투자자는 주가 차익을 기대할 수 있고, 실패해도 원금과 일정 수준의 이자를 받는다.

STEP 6   청약 배정 후 환불금 돌려받기

공모주 청약을 하면 경쟁률에 따라 배정받게 된다. 대부분 청약 경쟁률이 높기 때문에 소량의 주식만 배정받고, 청약 증거금에서 공모주로 배정받은 금액을 뺀 나머지는 청약일로부터 2~4일 후에 돌려받게 된다. 청약 환불금은 다음과 같다.

환불금=청약 증거금-주식 배정금액

환불금은 즉시 베이스캠프 계좌나 청약 자격 맞추기가 필요한 계좌로 이체하는 것이 좋다.

실전연습 청약 배정 후 환불금 돌려받기

1. 필자가 청약한 창해에탄올은 최종 경쟁률이 675.79대 1로 나왔다.

2. 공모주 19,000주를 청약한 결과 28주가 배정되었다. 환불금은 청약일로부터 2일 뒤에 입금된다.

공모주 배정 주식수=19,000주÷675.79=28주
                         청약 수량   청약 경쟁률   5사6입한다.

환불금: 7,885만원-(8,300원×28주)=78,617,600원
          청약 금액   공모가   배정 수량
                   공모주 배정 금액

3. 청약일 2일 뒤에 환불금이 입금되면 즉시 베이스캠프 계좌로 이체한다.

> **STEP 7** 드디어 공모주 상장—상장 첫날, 시초가 확인하기

신규 상장 종목의 시초가는 어떻게 결정될까?

드디어 여러분이 청약한 공모주가 상장되는 날이다. 청약에서 상장까지 7~10일 정도가 걸린다. 공모주가 상장되면 시초가가 결정되는데, 그 절차가 기존 상장 주식과는 다르다.

공모주는 상장 첫날의 오전 8~9시 사이에 공모가 대비 90~200%에서 호가 접수를 받은 후 9시에 시초가를 결정한다. 시초가가 결정되면 하루 주가 변동폭은 기존 상장 종목과 동일하게 시초가를 기준으로 상하 30%가 적용된다. 예를 들어보자.

> BGF리테일의 공모가: 41,000원
> 시초가: 36,900(90%)~82,000원(200%)에서 결정
> 시초가가 60,000원인 경우: 상장 당일 주가 변동폭은 42,000~78,000원

실전연습 공모주 상장 첫날, 시초가 확인하기

1. 창해에탄올 공모주는 2014년 7월 30일에 코스닥 시장에 상장되었다.

2. 상장 첫날, 시초가는 오전 8~9시에 공모가 대비 90~200%에서 호가 접수를 받아 9시에 결정된다. 창해에탄올은 공모가가 8,300원이었으므로, 시초가는 7,470~16,600원에서 결정된다. 실제 창해에탄올의 시초가는 상한선인 16,600원에 결정되었다.

STEP 8 공모주 매도하기 – 최적 매도 타이밍의 3가지 원칙

공모주의 3가지 매도 방법

이제 주식시장에 공모주가 상장되었으니 팔아보자. 공모주를 매도하는 방법은 3가지가 있다.

첫째, 공모주를 증권회사 직원을 통해 매도하는 방법이다. 수수료가 가장 비싼 단점이 있다. 다음은 NH투자증권의 주식 매매수수료 비교표이다.

▼ 주식 매매수수료 비교
기준: NH투자증권

매체	매매금액	수수료율	수수료
HTS, 홈페이지	100만원	0.164%+800원	2,440원
모바일, 스마트폰	100만원	0.197%+500원	2,470원
영업점, 고객지원센터(콜센터)	100만원	0.497%	4,970원

둘째, HTS(홈트레이딩 시스템)나 MTS(모바일 트레이딩 시스템)을 이용하는 것이다. 수수료가 저렴하고 편리해 3가지 방법 중 가장 좋다.

셋째, ARS 서비스를 이용해서도 공모주를 매도할 수 있다. 모든 증권사가 ARS 서비스를 실시하고 있다. '고객지원센터(콜센터)'에 전화하여 매도 주문을 할 수도 있다. 단 이 경우 수수료가 직원을 통해서 주문하는 것과 동일하다.

공모주는 언제 매도하는 것이 가장 좋을까? 투자수익을 극대화하기 위해서는 매도 타이밍이 중요하다. 꼭 기억해야 할 원칙 몇 가지를 알아보자.

특별한 경우가 아니면 상장 초기에 매도한다

공모주는 상장이 되면, 청약 물량, 회사 설립 초기부터 투자한 소액주주 물량, 장외시장에서 매입한 물량까지 차익실현을 위해 쏟아져 나온다.

일반적으로 공모가가 적정하게 산정되었다면 첫날은 상장 기대감으로 상승하는 경향이 강하다. 하지만 차익매물 부담 때문에 상승 분위기가 계속 이어지기는 어렵다.

필자의 경험에 비추어 보면, 시초가 결정 후 1분 이내에 배정받은 물량의 50%를 먼저 매도하고, 나머지는 당일 장중에 적절히 매도하는 방법을 권하고 싶다. 실증적인 두 가지 연구 사례도 필자의 견해를 뒷받침하고 있다.

사례 1 공모주 상장 후 시초가 분석 결과

동양증권이 2010년 이후 신규 상장된 119개 종목을 분석한 결과 공모주는 상장 당일 시초가에 매도할 때 수익률이 공모가 대비 평균 22.2%

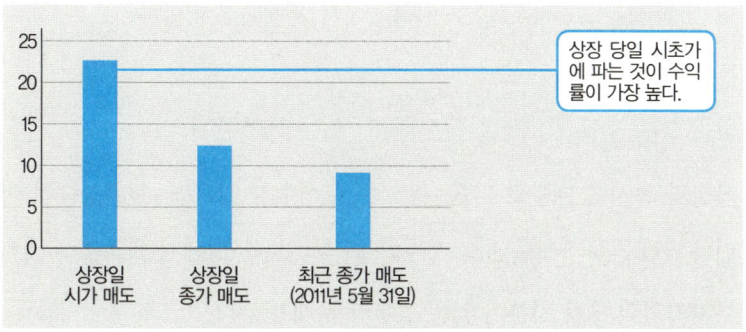

▼ 공모주의 매도 타이밍에 따른 수익률

기준: 2000년 이후 상장된 119개 종목 평균 | 출처: 한국거래소, 동양증권 리서치센터

로 가장 높았다. 하지만 보유기간이 길어질수록 수익률은 오히려 떨어졌다.

사례 2 **기관투자자의 상장 후 공모주 매도 분석 결과**

금융감독원에 따르면 2008년 1월부터 2010년 9월 사이에 상장한 142개사의 공모 물량 중 64.7%가 기관투자자에 배정되었다. 기관투자자들은 평균적으로 배정받은 공모주를 상장 당일에 3분의 1 이상을, 4주 안에 절반을 처분한 것으로 나타났다. 특히 증권사와 자산운용사는 각각 배정받은 수량 중 81.7%와 66%를 상장한 지 한 달 안에 처분한 것으로 나타났다.

상장 시초가가 공모가보다 낮으면 서둘러 매도한다

상장 시초가가 공모가보다 크게 높으면 상당 기간 동안 주가가 크게 하락하지 않았다. 하지만 시초가가 공모가보다도 낮은 경우에는 그 이후에도 회복하기 어려웠다. 2010년 한 해 동안 상장된 기업 중 상장 첫날 시초가가 공모가 대비 90% 수준에서 시작된 경우, 2011년 1월에도 그 주식들의 60%는 공모가 아래에서 거래되고 있었다.

유통 가능 물량이 많은 공모주도 빨리 정리한다

상장과 동시에 매물로 나올 수 있는 주식수가 많으면 주가 상승이 어렵다. 특히 총 주식의 20% 정도가 되는 공모주 외에 소액주주나 벤처투자기업의 투자 지분이 있는 경우가 문제가 된다.

유통 가능 물량 확인하는 법

주식의 유통 가능 물량을 확인하려면, 금융감독원의 전자공시시스템 (http://dart.fss.or.kr)에 접속한 다음에 '회사명'을 입력한 후 **[투자설명서]→[모집 또는 매출에 관한 일반사항]→[투자위험요소]**를 누른 다음에 확인하면 된다.

2014년 8월에 상장된 쿠쿠전자는 유통 가능 물량이 20%였다. 공모주 외에 추가 물량이 없었다. 이런 경우는 주가 상승 여력이 있다고 볼 수 있다.

▼ 유통 가능 물량이 적은 경우―쿠쿠전자

유통 가능 여부	구분		공모 후 주식수	공모 후 지분율
보호예수 및 매도금지 물량	최대주주 등	구본학	3,245,380주	33.10%
		구본진	1,407,476주	14.36%
		구자신	914,160주	9.32%
		쿠쿠사회복지재단	180,000주	1.84%
		쿠쿠전자(주)	1,605,505주	16.38%
	최대주주 등 합계		7,352,520주	75.00%
	우리사주조합		490,168주	5.00%
	소계		7,842,688주	80.00%
유통 가능 물량			1,960,672주	20.00%
합계			9,803,360주	100.00%

반면 덕신하우징은 유통 가능 물량이 41.35%로 대단히 높았다. 이런 경우에는 상장 후 빨리 매도하는 것이 좋다.

▼ 유통 가능 물량이 많은 경우—덕신하우징

구분		공모 후 주식수 기준	공모 후 지분율	비고
보호예수 및 매도금지 물량	최대주주 등	2,849,929주	35.57%	6개월간 보호예수
	기타 주주 자발적 보호예수	1,649,020주	20.58%	6개월간 보호예수
	우리사주조합(공모분)	140,000주	1.75%	1년간 의무예탁
	상장 주선인 의무인수 취득분	60,000주	0.75%	3개월간 보호예수
	소계	4,698,949주	58.65%	
유통 가능 물량	구주주	1,453,051주	18.13%	
	공모주주(기관+개인)	1,860,000주	23.22%	우리사주 제외분
	소계	3,313,051주	41.35%	
합계		8,012,000주	100.00%	

실전연습 공모주 최적 타이밍에 매도하기

앞에서 공모주가 상장된 후, 가장 유리한 시기에 매도하는 기준을 몇 가지 알아보았다. 여기서는 실제 공모주를 매도하는 과정을 알아보자.

1. 필자는 창해에탄올 공모주를 상장 첫날인 7월 30일에 시초가 16,600원에 28주 모두 매도하기로 했다. 증권사 홈페이지의 종목창에 '창해에탄올'을 입력하고 매도수량에 '28', 매도단가에 '16,600'을 입력한 후 〈현금매도실행〉 단추를 클릭한다.

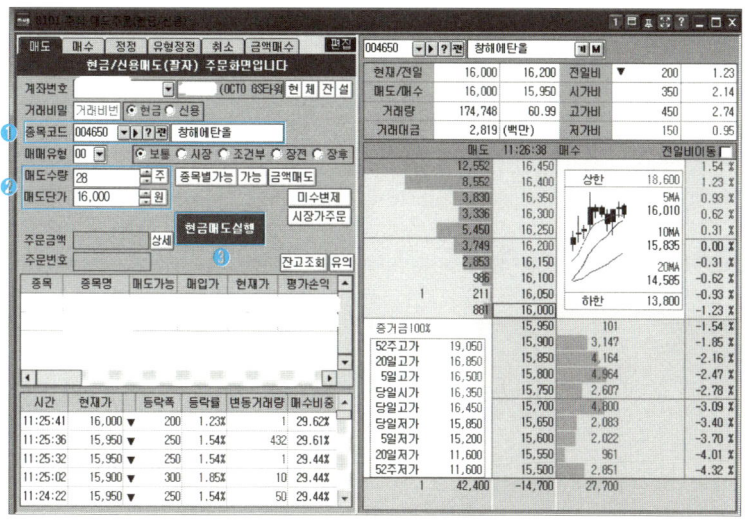

2. 매도 2일 후인 8월 1일에 결제금액이 계좌에 들어오면 즉시 베이스 캠프 계좌나 청약 조건을 맞출 필요가 있는 계좌로 이체한다. 창해에탄올의 결제금액은 다음과 같았다.

결제금액=16,600원×28주-(거래세+매매수수료)
　　　　　매도단가　매도수량

2장 알짜배기 공모주/실권주 투자하기 147

STEP 9 공모주 투자 평가 및 평가표 기록하기

공모주 청약 결과는 월간, 연간 단위로 꾸준히 기록하여 평가하는 것이 좋다. 여기서는 창해에탄올의 청약 수익률을 CMA 계좌에 예치했을 때와 비교해 보았다. 공모주 투자 수익률이 기회비용 대비 무려 26배나 높다.

수익 = (16,600원 − 8,300원) × 28주 − (거래세 + 매매수수료) = 23만원
　　　　시초 매도가　　공모가　　배정 수량

수익률 = 23만원 ÷ 78,850,000원 × 100 = 0.29%
　　　　　　수익　　　　투자금액

▼ 공모주와 CMA 투자의 수익률 비교

투자원금	공모주 투자 수익 및 수익률	기회비용(CMA 예치)
78,850,000원	23만원(0.29%)	9,100원(0.011%)

* CMA 수익은 증거금으로 묶여 있는 2일 동안의 세후이자
* CMA 금리는 연 2.11%(연 2.5%의 세후 수익률) 적용

투자원금이 1억원이라면, 창해에탄올의 청약 결과는 다음과 같다.

▼ 창해에탄올의 공모주 투자 평가표　　　　　　　　투자원금: 1억원

	종목명	수익	수익률
2014년 7월	창해에탄올	23만원	0.23%

평가표가 거창할 필요는 없다. 투자원금, 종목별 수익, 월간 및 연간 수익 합계만 기록하면 된다. 얼마를 투자해서 얼마를 벌었는지만 알면 되지 않겠는가. 필자는 청약이 있을 때마다 스마트폰 미니다이어리(앱)에 기록하고 월말, 연말에 평가한다.

▼ 공모주 투자 평가표 샘플   투자원금: 1억원

구분	종목명	수익	수익률
2014년 1월	기업 A	100,000원	0.1%
	기업 B	1,000,000원	1.0%
소계		1,100,000원	1.1%
2014년 2월	기업 C	원	%
	기업 D	원	%
소계		원	%
2014년 총계		원	%

* 투자원금이 1억원이라고 가정하면 2014년 1월의 공모주 투자 수익률은 1.1%가 된다.

● ● ● ●

딥블루*가 주는 투자 교훈은?
* 1999년 체스 챔피언인 게리 카스파로프를 이긴 슈퍼 컴퓨터

1. 너무 멀리 내다보지 마라.

    대부분의 사람들은 체스 고수들이 10수 또는 15수의 먼 미래를 내다본다고 생각한다. 하지만 이것은 사실이 아니다. 몇 수 앞을 내다보는 것이 보통이다. 너무 멀리 나가는 것은 시간 낭비다. 정보는 늘 불확실하다.

2. 상황에 따라 선택 가능한 수, 옵션을 개발하고 끊임없이 이를 개선한다. 고수들은 말을 움직이지 않고, 다음 수를 고민한다. 머릿속에 떠오른 좋은 수를 앞뒤 가리지 않고 덜컥 움직여서는 안 된다.

3. 상대편을 읽어라.

    체스 실력은 사람의 마음을 읽는 실력이다. 고수는 상대편의 모든 움직임에서 생각을 읽어낼 수 있다.

4. 작은 이점을 찾아내라.

    사소하게 보이는 이점을 이용해야 한다. 상대편은 인식하지 못한, 상대편이 지나쳐 버린 이점을 적극 활용하는 것이다. '나만 알고 있는 중요한 것'을 생각하라. 그것이 약간의 차이를 만들고, 왕의 위치를 약간 더 안전하게 만들 것이다. 약간, 약간, 약간… '약간' 그 자체는 큰 의미가 없지만, 이것들이 쌓이면, 게임 전체를 유리하게 이끌어 갈 수 있다.

    ― 마이클 모바신, 「미래의 투자」

...

리스크를 지배할 수 있게 됨으로써

인류의 미래는 신의 변덕에 따라

좌지우지되는 것으로부터 벗어날 수 있었고,

우리는 자연 앞에서 더 이상 수동적인 자세를

취하지 않아도 되었던 것이다.

— 피터 L. 번스타인, 『리스크』

04 공모주 청약의 3가지 리스크 관리법

청약 경쟁률이 낮은 종목은 청약하지 않는다

열 번 잘하다가도 한 번 크게 잘못 투자하면 모든 게 허사가 되므로 리스크를 철저하게 관리해야 한다. 공모주 종목에 대한 평가는 청약 경쟁률에 나타난다. 기관의 수요 예측 경쟁률과 일반투자자들의 청약 경쟁률이 평균 수준을 많이 밑돌면, 가능성이 없는 종목이므로 미련 없이 청약을 포기해야 한다.

사례 솔루에타, 왜 청약을 포기했을까?

솔루에타는 전자기기의 전자파 노이즈를 차단하는 제품을 생산하는 회사로 2013년 12월에 상장되었다. 필자는 이 종목의 청약을 포기했다.

❶ 기관의 수요 예측 경쟁률이 66대 1로 너무 낮았다.
❷ 청약 2일째, 일반투자자의 청약 경쟁률도 공모주 마감 1시간 전에 17대 1로 역시 낮았다.
▶ 청약 기준에 2가지 조건이 미달하여 청약 포기 결정!

결과적으로 솔루에타는 상장 첫날 시초가가 21,600원으로 공모가인 24,000원보다 10% 낮게 형성되었다.

공모주를 계획보다 많이 배정받는 리스크 예방법

만일 청약 후 공모주를 원하는 금액 이상으로 배정받았다고 해 보자. 상장 후 주가가 공모가 이하로 하락하게 되면 손실이 감수할 수 있는 수준을 넘어설 수 있다. 이런 리스크를 예방하기 위한 방법을 알아보자.

먼저 배정받고 싶은 최대 금액을 정한다

예를 들어 투자원금이 1,000만원이라면, 청약 신청 전에 배정받고 싶은 금액을 100만원으로 할지, 10만원으로 할지 정하는 것이 좋다. 리스크 관리를 위해 목표 배정 금액은 투자원금의 10%(청약금의 5%)를 넘기지 않는 것이 좋다.

▼ 리스크를 줄이는 목표 배정 금액 산정법

투자원금(증거금)	청약금액(증거금×2)	목표 배정 금액(투자원금의 10%)
1,000만원	2,000만원	100만원
5,000만원	1억원	500만원
1억원	2억원	1,000만원

청약 경쟁률이 낮으면 청약금액을 줄인다

청약 경쟁률이 낮아 배정 금액이 원하는 수준을 넘어설 것 같으면 청약금액을 줄여라. 예를 들어 청약금 1,000만원을 투입해서 100만원을 배정받고 싶은데, 최종 경쟁률이 5대 1에 그쳐 200만원을 받을 것 같으면, 청약 증거금을 500만원으로 줄여야 한다.

사례 우리이앤엘의 청약 증거금을 줄인 이유

2013년 2월에 상장된 우리이앤엘은 조명과 디스플레이용 LED 패키지를 제작하는 업체이다.

❶ 청약 2일째, 마감 1시간 전에 보니 청약 경쟁률이 2.5대 1이었다. 최종 청약 경쟁률은 약 3대 1로 예상되었다.
❷ 청약금 1,000만원을 넣었는데, 최종 경쟁률이 3대 1로 끝난다면 330만원을 배정받게 된다. 배정금액을 100만원 이하로 낮추기 위해서 청약금을 1,000만원에서 300만원으로 낮추었다.

청약 경쟁률이 일정 수준 이상으로 오르면

청약 경쟁률이 일정 수준 이상으로 올라서 원하는 금액 이하로 배정받을 것이 확실시되면, 청약 종료 때까지 기다릴 필요 없이 바로 청약하면 된다. 예를 들어 청약금 1,000만원을 넣어 100만원을 배정받고 싶은데, 청약 경쟁률이 20대 1을 넘어서 50만원밖에 배정받을 수 없다면 바로 청약하면 된다는 말이다. 어차피 20대 1 이상에서는 배정금액이 100만원 미만이 되기 때문이다.

2013년 12월에 상장된 현대공업은 청약 시작 2시간 만에 경쟁률이 300대 1을 기록하여 최종 경쟁률이 500대 1을 넘을 것이 확실시되었다. 이럴 때는 마감까지 기다릴 필요 없이 바로 청약하면 된다. 현대공업의 최종 경쟁률은 697대 1이었다.

아하! 그렇구나 높은 경쟁률로 상장되었으나 결과가 나쁘면 주의!
청약 경쟁률이 300대 1 이상이었는데도 불구하고, 상장 후 시초가가 공모가 이하로 형성되는 사례가 연속해서 나오면, 공모주 시장의 질이 나빠졌다는 증거이다. 이런 경우에는 다음 번 공모주 청약은 보수적으로 접근해야 한다.

. . .

군주에게는 지켜야 할 3가지 원칙이 있다.

3가지를 완벽하게 지키면

나라가 평안하고 자신도 영화를 누릴 수 있다.

그러나 3가지를 완벽하게 지키지 못하면

나라가 위태로워질 것이고,

군주 자신도 위험해질 것이다.

— 한비자, 「한비자」

05 공모주 청약, 꼭 지켜야 할 6가지 투자원칙

공모주 투자를 하기 전에 반드시 짚고 넘어가야 할 원칙을 알아보자. 투자의 성패를 결정짓는 가장 중요한 대목이라고 할 수 있다. 실전투자를 하다 보면 다양한 상황과 마주치게 된다. 상황에 따라 대응을 달리해야 하겠지만, 그 기저에 흐르는 원칙은 변하지 않고 일관되어야 한다는 게 필자의 생각이다. 다음은 공모주 투자를 할 때 반드시 지켜야 할 6가지 투자원칙이다.

제1조 여기서 정하는 '공모주 투자원칙'은 무조건 지킨다

원칙은 반드시 지켜야 하고 예외 없이 지킬 때에만 가치가 있다.
워렌 버핏은 투자를 할 때 두 가지 원칙을 세우고 실천했다. 그 원칙을 참고할 만하다.

> **워렌 버핏의 투자원칙**
> 제1원칙: 절대 원금 손실을 보지 않도록 한다.
> 제2원칙: '제 1원칙'을 반드시 지킨다.

제2조 금리+알파(연 2~3%)를 목표로 한다

공모주 청약은 대박을 노리는 투자가 아니다. 안전하게 금리+알파(연 2~3%)의 수익을 얻겠다는 소박한 투자이다. 이 원칙을 벗어나 무리한 수익을 내려고 하면 수익은 고사하고 손실을 입을 수 있음을 명심하자.

 작은 수익률을 우습게 보지 말자

필자의 선배 Y씨는 한국투자증권에서 캐스테코리아 공모주 청약을 했다. 3,000만원으로 9,000주를 신청했는데, 청약 경쟁률이 841대 1이어서 11주를 배정받았다.

마침내 상장일! 공모가는 6,500원이었는데, 상장 첫날에 11,500원으로 올라서 바로 매도했다. 주당 5,000원씩 남아 55,000원을 벌었다. 옆에서 지켜보던 형수는 "겨우 그거 벌자고 청약하냐?"며 타박하지만, 선배 Y씨의 셈법은 다르다. 3,000만원을 CMA 계좌에 4일 동안 넣었을 때 나오는 이자 6,900원과 비교하면 엄청난 수익이다. 선배의 아내는 뭘 모르고 하는 소리다.

제3조 청약 전에 '청약 핵심 사항'을 반드시 점검한다

청약 핵심사항인 ① 기관의 수요 예측 경쟁률, ② 장외주가, ③ 청약 경쟁률(마감 30분~1시간 전)을 반드시 점검한다.

사례 1 2014년 5월에 상장된 캐스텍코리아는 자동차용 터보차저의 핵심 부품 생산업체이다.

❶ 기관의 수요 예측 경쟁률: 594대 1로 대단히 높았다.
❷ 장외주가: 청약 하루 전의 장외주가가 11,650원이었다. 공모가 6,500원과 비교하여 월등히 높은 가격을 기록했다.
❸ 청약 경쟁률: 마감 1시간 전 청약 경쟁률이 650대 1로 대단히 높았다.
◐ 3가지 조건 모두 청약 기준을 충족하여 청약하기로 결정!
결과: 캐스텍코리아의 공모주 청약에는 1조 3,116억원이 몰렸고, 시초가는 공모가 6,500원보다 77% 높은 11,500원에 형성되었다.

사례 2 기가레인은 고주파(RF) 통신 부품업체로 2013년 12월 19일에 상장되었다.

❶ 기관의 수요 예측 경쟁률: 46대 1로 지나치게 낮았다.
❷ 청약 경쟁률: 마감 1시간 전에 12대 1로 투자자들의 외면을 받았다.
◐ 2가지 조건이 청약 기준에 미달하여 청약 포기 결정!
결과: 기가레인은 상장 첫날 시초가가 4,950원으로 공모가였던 5,500원보다 10% 낮게 형성되었다.

제4조 예상 수익이 CMA 수익보다 클 때만 청약한다

첫째, 예상 경쟁률과 상장 시 예상 주가를 가정해서 예상 수익을 계산해 본다. 예를 들어 1,000만원으로 공모주 A(공모가 10,000원, 예상 경쟁률 500대 1, 예상 주가 13,000원, 2일 후 환불)를 청약한다고 가정할 때, 예상 수익은 12,000원이 된다.

배정주수 = 1,000만원 × 2 ÷ 10,000원 ÷ 500 = 4주
  (투자금액)   (공모가 청약 경쟁률)

> 청약 증거금은 50%이므로 1,000만원의 2배인 2,000만원을 청약할 수 있다.

예상수익 = 주당 3,000원(13,000원 − 10,000원) × 4 = 12,000원

둘째, 청약을 하지 않고 CMA에 예치한 경우의 예상 수익을 계산한다. 1,000만원을 연 금리 2.5%인 CMA 통장에 2일간 예치했을 때, 예상 수익은 1,158원이다.

CMA 예치 예상 수익 = 1,000만원 × 0.025 ÷ 365 × 2 × 0.846 = 1,158원

> 금융소득에 15.4%의 세금이 부과되므로 세후수익을 산출하기 위해서는 세전 수익에 0.846(1−0.154)을 곱해야 한다.

셋째, 예상 수익이 CMA 수익보다 크면 청약한다.
청약의 예상 수익은 12,000원이고, CMA 통장의 2일치 이자는 1,158원이므로 청약하면 된다.

제5조 리스크 관리 요령을 철저하게 지킨다

앞에서도 이야기했지만, 열 번 잘하다가도 한 번 크게 잘못 투자하면 모든 게 허사가 되므로 리스크 관리를 철저히 해야 한다.

첫째, 청약 경쟁률이 낮은 종목은 인기 없는 종목이므로 청약하지 않는다.[128쪽]

둘째, 공모주를 계획보다 많이 배정받는 것도 리스크가 된다.[152쪽] 그러므로 최대 목표 배정 금액을 먼저 정하고, 청약 경쟁률이 낮으면 청약 금을 줄이는 것이 좋다. 공모주는 주식, ELS 등 다른 투자에 비해 매우 안전한 투자방법이긴 하지만, 항상 작은 리스크에라도 노출되지 않도록 조심해야 한다. 만사 불여튼튼이다.

제6조 원칙을 지켰다면 결과가 나빠도 자책하지 않는다

투자를 하다 보면 예상 밖의 손실이 발생할 수 있다. 설령 손실이 나더라도 원칙을 지킨 의사결정에 따른 결과라면 그대로 받아들여야 한다. 실망스러운 결과에 미련을 가지거나 자책을 하면 정신건강에 해가 될 뿐만 아니라 새로운 투자기회를 놓칠 수도 있기 때문이다.

●●●●

나는 다른 곳에서뿐만 아니라 월가에서도 성공의 첫 번째 비결은 자기절제와 인내라는 것을 알았다. 나는 다른 사람의 게임이 아니라 내 게임을 할 기회가 올 때까지 기다려야 했다.

강박적인 도박꾼은 상황이 여의치 않으면 길모퉁이에서 아이들과 잔돈 몇 푼을 놓고라도 게임을 할지 모른다. 그러나 재미를 위해서가 아니라 합리적인 목표와 방법을 가지고 카지노를 상대로 도박하는 사람으로서, 나는 두 눈을 부릅뜬 채 냉정하게 접근해야 했다.

나는 하나의 성공을 위해서 필요하다면 1년이라도 기다리는 법을 배워야만 한다는 것을 알았다. 그리고 어떤 경우에도 내가 세운 원칙을 부정하고 적당히 타협함으로써 내 돈을 찔끔찔끔 날릴 수는 없었다.

— 니콜라스 다비스, 『어메이징 박스 이론』

...

고양이의 꼬리를

붙잡아 들고 다니는 사람은

그렇게 해 보지 않으면

알지 못하는

뭔가를 알게 된다.

— 마크 트웨인

06 실권주 청약은 덤이다

기업이 주주들로부터 돈을 받고 새 주식(신주)을 발행하는 것을 '유상증자'라고 한다. 주주들에게 돈을 걷어 회사에 투입하는 것이다. 기업 입장에서는 금융권에서 대출받는 것보다 장기간 안정적으로 자금을 조달할 수 있는 장점이 있다.

유상증자의 종류에는 주주 배정, 주주 우선공모, 일반 공모, 제3자 배정이 있다.

주주 배정 유상증자는 기업이 신주를 발행하여 기존 주주의 지분 비율에 따라 배정하는 방법이다. 만일 증자비율이 10%라면 100주를 가진 주주는 10주, 200주를 가진 주주는 20주의 신주를 받게 된다.

주주 우선공모 유상증자는 기업이 기존 주주를 대상으로 신주를 발행하는 것까지는 주주 배정 방식과 같다. 다만 지분 비율대로 배정하지 않고, 기존 주주들에게 동일한 기회를 주는 점이 다르다. 즉 기존 주주는 자신의 지분 비율보다 더 많이 청약을 할 수도 있고, 더 적게,

또는 청약을 전혀 하지 않을 수도 있다.

일반 공모 유상증자는 기존 주주에게 기득권을 주지 않고, 일반 투자자를 대상으로 청약을 받는 것이다. 즉 누구나 증자에 참여할 수 있다. 일반 공모 유상증자를 추진하는 기업은 대주주의 자금력이 부족한 경우가 흔하다.

제3자 배정 유상증자는 공개적으로 공모를 받은 것이 아니라 미리 정해진 제3자에게 신주를 배정하는 방식이다. 일례로 YG엔터테인먼트는 루이비통에게 지분 참여를 위한 제3자 배정 유상증자를 한 바 있다.

실권주, 어떤 경우에 생기나?

실권주란 유상증자에서 기존 주주가 청약을 포기한 주식을 말하며, 실권주를 배정받기 위해 신청하는 것을 '실권주 청약'이라고 한다. 유상증자를 하는 모든 기업이 실권주 청약을 받는 것은 아니다. '주주 배정'이나 '주주 우선공모' 방식으로 유상증자를 할 때에만 실권주가 발생한다. 유상증자 시 신주의 가격은 기존 주가에 비해 할인발행이 되기 때문에, 신주와 구주 사이에 가격 차이가 생긴다. 구주 가격이 10,000원, 신주 가격이 8,000원이라면, 둘의 차이 2,000원은 신주를 받을 수 있는 권리, 즉 신주인수권의 가격이 된다.

10,000원 = 8,000원 + 2,000원
구주 가격   신주 가격   신주인수권 가격

이론적으로 주주가 유상증자에 참여하면, 즉 신주인수권을 행사하여 신주를 받으면 유상증자 전후의 주주 가치에 변화는 없다. 하지만 주주가 유상증자에 참여하지 않는 경우가 있다.

기존 주주가 유상증자에 참여하지 않고 청약을 포기하는 이유는 무엇일까?

첫째, 증자에 참여할 자금이 없는 경우이다. 둘째, 미래 주가를 부정적으로 보는 경우이다. 즉 그 기업의 주식을 시장에서 유상 신주 가격보다 더 싸게 살 수 있다고 판단하는 것이다. 셋째, 유상증자 사실을 모르고 지나치는 경우가 있다. 기존 주주가 증자 참여를 포기하게 되면 실권주가 발생하게 된다.

주주가 아닌 실권주 청약자가 실권주(주당 8,000원)를 받는다는 것은 신주인수권의 가치(주당 2,000원)만큼을 공짜로 얻는 것과 같다. 즉 그 주식을 기존 주주보다 2,000원 싸게 보유하게 되는 것이다. 기존 주주 입장에서 보면 실권주 청약은 일종의 무임승차라고 할 수 있다.

사례 실권주의 예―라이브플렉스

라이브플렉스는 기존 주주를 대상으로 유상증자를 실시하며 신주 가격 1,430원에 청약을 받았는데, 실권주 777,463주가 발생했다. 청약일이었던 2013년 5월 14일 현재 구주 가격이 1,925원이라면, 실권주 청약자는 기존 주주보다 주당 495원 싸게 신주를 받을 기회를 얻게 되는 것이다.

금융당국은 2013년 말에 이와 같은 무임승차를 억제하기 위해 '초과청약제도'를 도입했다. 초과청약제도란 기존 주주가 자신의 지분보다 1주당 0.2주를 추가로 신청할 수 있게 하여 실권주를 더 배정받을 수 있도록 하는 제도이다. 이 제도로 인해 실권율은 과거보다 떨어질 수밖에 없다. 그럼에도 불구하고 실권주 청약의 기회는 여전히 남아 있다.

실권주, 짭짤한 덤 수익을 준다

실권주 청약은 공모주와 마찬가지로 투자자에게 좋은 기회가 된다. 그래서 실권주 청약 경쟁률도 공모주 못지않게 대단히 높다. 돈이 되면 투자자는 알아서 찾아오는 것이다.

실권주는 투자자가 직접 투자하는 방법밖에 없다. 공모주 같은 투자 펀드가 없기 때문이다. 주간 증권사에 계좌를 개설한 후 직접 청약해야 한다.

공모주 투자가 메인 디시라면 실권주 청약은 사이드 디시다. 공모주 투자에서 주수익을 올리고, 실권주 투자에서는 덤을 얻을 수 있다. 그런데 그 덤이 무시할 수 없는 수준이다. 공모주 투자만큼 수익을 내지는 못하지만 나름대로 짭짤한 수익을 안겨주는 것이다.

실권주 투자는 청약방법도 공모주와 거의 비슷해서 공모주 청약을 해 본 투자자라면 쉽게 할 수 있다. 투자의 매력 또한 공모주 투자와 대부분 일치한다. 다만 공모주 청약보다는 덜 안전하다는 점을 유념해야 한다. 하지만 투자원칙만 지킨다면 얼마든지 예방할 수 있는 리스크이기 때문에 겁먹을 필요는 없다.

실권주와 공모주 투자의 공통점

저위험/중수익 투자이다

실권주 투자도 공모주 투자만큼은 아니지만 저위험/중수익 투자이다. 실권주는 기존 주식보다 신주인수권의 가치만큼 싸게 발행되기 때문에 투자자는 일종의 무위험 수익을 얻게 된다.

▼ 신주와 구주의 가격 차이

구분	구주 가격	신주 가격	신주 인수권	할인율
한국가스공사	63,200원	47,250원	15,950원	25.2%
태평양물산	3,130원	2,275원	855원	27.3%
한솔테크닉스	16,300원	11,600원	4,700원	28.8%

실권주도 할인발행이 되므로 시세차익이 있다.

경험해 본바, 실권주 투자만으로 예금금리 이상의 수익을 내기는 어렵다. 하지만 실권주 투자를 공모주 청약과 함께하면 훌륭한 저위험/중수익 투자가 된다. 필자는 2013년 실권주 투자에서 연 0.8%의 수익을 얻었다.

실권주 투자의 기대수익 = 시세차익 + CMA 수익

실권주 투자는 수익을 내는 방법이 공모주 투자와 같다. 실권주 투자로 얻는 시세차익에 청약이 없는 기간 동안에 CMA 계좌에서 나오는 이자수익을 더한 것이 기대수익이다.

리스크 관리가 가장 중요하다

실권주 투자 역시 리스크를 최소화하여 안전하고 스트레스 받지 않는 투자를 추구한다. 그래서 수익 이전에 리스크 관리가 우선이다. 리스크 관리가 안 되면 단 한 번의 실수로 일 년 동안 번 수익을 모두 날릴 수도 있기 때문이다.

유동자금을 효율적으로 관리하는 수단

실권주 청약 증거금도 2~4일 안에 환불되기 때문에 자금을 효율적으로 관리할 수 있다. 즉 실권주 투자보다 좋은 투자기회가 생기면, CMA 계좌에서 자금을 인출하여 활용하면 된다.

실권주 투자도 절세 효과가 있다

실권주 투자의 주요 수익인 시세차익 역시 비과세이다. 시세차익에는 세금이 부과되지 않으므로 다른 금융상품에 비해 그만큼 수익이 더 생기는 셈이다.

실권주와 공모주 투자의 차이점

쉬운 투자방법, 하지만 공모주 투자보다는 덜 안전하다

실권주는 기존 주식보다 신주인수권 가치만큼 싸게 발행되기 때문에 시세차익을 얻을 수 있는 기회를 포착하기가 쉽다. 하지만 유상증자 기업 중에는 간혹 재무상태가 좋지 않은 경우도 있으므로 주의해야 한다. 기업이 유상증자를 하는 목적이 시설투자가 아니라 금융기관에서 빌린 부채를 갚기 위한 것이라면 특히 조심해야 한다. 유상증자 참여율이 낮아 계획대로 자금이 모집되지 않는다면 기업이 위기에 빠질 수도 있기 때문이다.

▼ 부실기업의 유상증자 사례

구분	순이익(2012년)	부채비율*	유상증자액	실권율
유니켐	85억원 적자	711%	137억원	64.54%
현대상선	9,885억원 적자	720%	1,560억원	28.2%

실권주 투자는 투자원칙을 지키지 않으면 자칫 지뢰를 밟을 위험이 있다. 그래서 공모주 투자만큼 안전한 투자는 아니다.

아하! 그럴구나 **부채비율**
기업이 가지고 있는 자산 중 부채가 어느 정도 차지하고 있는지를 나타내는 비율을 말한다. 기업의 재무구조, 특히 타인자본 의존도를 나타내는 대표적인 경영지표이다. 부채비율은 타인자본(부채)을 자기자본으로 나눈 뒤 100을 곱해 구한다. 부채비율이 200%라면 빚이 자기자본보다 두 배 많다는 의미이다.

...

성공과 실패를 가르는 것은

얼마나 빨리

반응하느냐가 아니라

얼마나 그 정보를

잘 해석하느냐에 달려 있다.

— 알프레드 래퍼포드 & 마이클 모부신, 『기대투자』

07 실권주 투자 9단계 따라하기

실권주의 청약 절차도 공모주와 마찬가지로 총 9단계로 이루어진다.

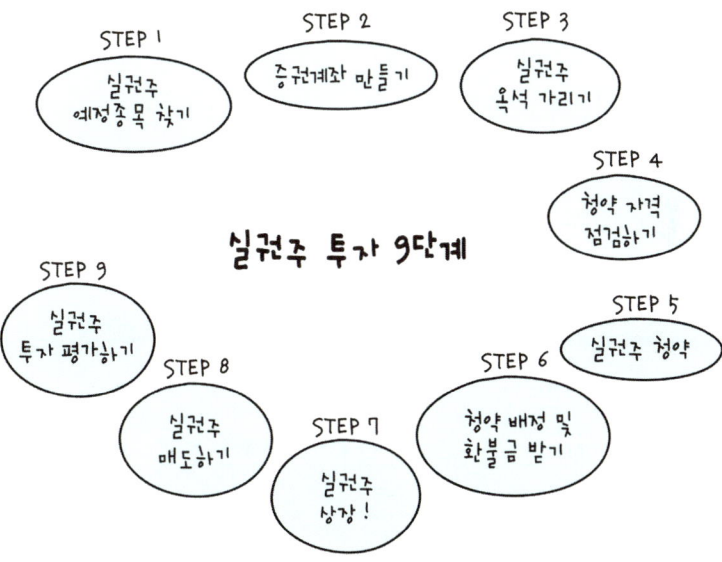

STEP 1 실권주 예정 종목 찾기

기업공개 전문 사이트 이용하기

기업공개(IPO) 전문 사이트인 38커뮤니케이션(www.38.co.kr) 사이트에서 실권주 청약 정보를 찾아볼 수 있다. 1~2개월 후의 실권주 청약 일정이 미리 나와 있어 장기 청약계획을 세울 때 특히 도움이 된다.

38커뮤니케이션과 함께 대표적인 IPO 사이트인 아이피오스탁(www.ipostock.co.kr)에서도 실권주 청약 정보를 얻을 수 있다. 소개한 두 사이트는 크게 다르지 않으니 편리한 것을 사용하면 된다.

실권주 전문 블로그 이용하기―설리아닷컴

실권주 청약에 대한 다양하고 빠른 정보를 제공하는 블로그들도 있다. 그중에서도 '설리아닷컴'은 국내에서 다양한 실권주 정보를 제공하는 것으로 정평이 나 있다. 특히 실권주 청약 1~2일 전에 청약 종목에 대한 상세한 정보를 얻을 수 있다. 또한 실권주 청약이 끝난 다음에는 경쟁률도 게시된다. 설리아닷컴(http://tjffldk.tistory.com)에 접속한 후 오른쪽 메뉴에서 [리아의 재테크 정보]를 누르면 된다.

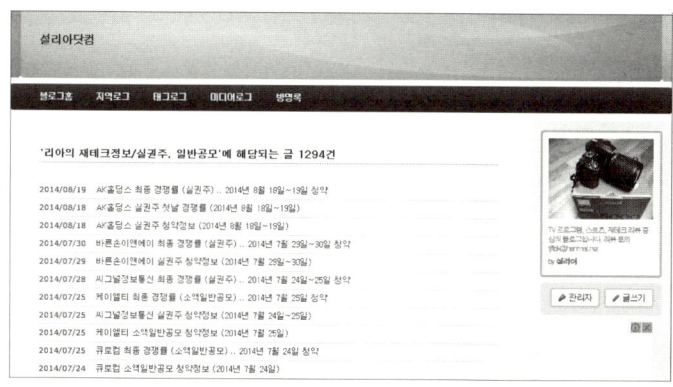

증권사 홈페이지에서 실권주 청약정보 확인하기

구주주 청약 결과가 나오면 주간 증권사는 홈페이지에 '실권주 일반공모 안내'를 공지한다. 청약개요(발행가, 공모금액, 청약일, 환불일, 상장일)와 기타 청약 관련 사항(청약시간, 청약자격, 청약증거금, 청약방법, 청약한도, 청약단위, 배정방법)을 안내한다. 인터넷 전문 사이트에는 간혹 오류가 있을 수 있기 때문에, 반드시 주간사 홈페이지에서 정확한 정보를 확인하는 것이 좋다.

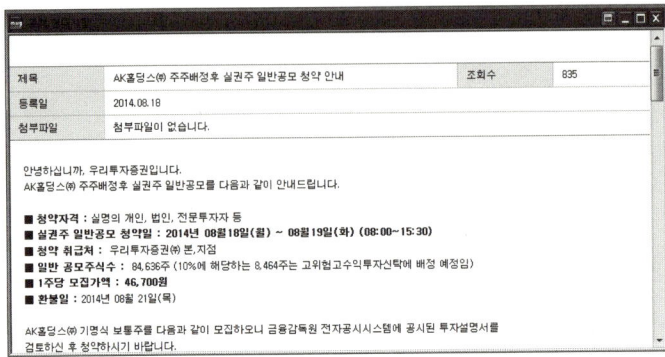

주간 증권사 홈페이지에서 실권주 청약 정보를 확인한다.

뉴스에서 실권주 정보 확인하기

신문의 증권면에 실리는 관련 기사를 통해 정보를 얻을 수도 있다. 특히 기업의 유상증자 공시를 주목할 필요가 있다.

○○신문   2014년 8월

AK홀딩스 유상증자 청약률 95% 육박

AK홀딩스는 8월 12일 재무개선을 위해 기존 주주들을 대상으로 한 유상 청약 결과, 청약률이 95%에 육박했다. 실권주 및 단수주는 일반공모에 들어갈 예정으로 있다.

[실전연습] **실권주 예정 종목 찾는 법**

2013년 11월에 NH투자증권을 통해 진행된 '태평양물산'의 실권주 청약 과정을 단계별로 따라해 보자. 여기서는 실권주 예정 종목을 찾는 법부터 알아보겠다.

1. 38커뮤니케이션(www.38.co.kr)에 접속한 다음에 [IPO/공모]→[실권주/일반공모]를 클릭한다.

2. 실권주 예정 종목 목록이 나온다. 목록에서 태평양물산 실권주의 청약 예정일을 볼 수 있다.

현대상선	실권주	2013.11.12~11.13	-	10,400	0	1.49:1	대신증권
태평양물산	실권주	2013.11.12~11.13	-	2,275	0	466.72:1	우리투자증권
한화손해보험	실권주	2013.11.12~11.13	-	3,740	0	89.20:1	한화투자증권,한국투자증권
에스케이씨솔믹스	일반	2013.11.12~11.13	1,650	1,120	0	0.34:1	교보증권,대신증권,NH농협증권
이엘케이	일반	2013.11.06~11.07	6,010	5,200	0		하이투자증권,한양증권,이트레이드증권

3. 기업명을 클릭하면 좀 더 자세한 정보를 볼 수 있다. 유상증자 주식수, 발행가, 기존 주주 청약일, 실권주 청약일정, 환불일, 상장 예정일, 주간사 등의 정보를 얻을 수 있다.

필자는 태평양물산의 실권주 청약 정보를 알아보는 중이다. 주당 발행가가 2,275원이고, 상장 예정일이 2013년 11월 28일임을 알 수 있다. 참고로, 청약 1~2개월 전에는 실권주 주식수, 실권금액, 실권율은 공란으로 비어 있다. 아직 기존 주주 청약 전이기 때문이다.

실권주 / 일반공모			Home > IPO실사/공모 > 실권주 / 일반공모	
주식종류	실권주 일반공모		시장구분	유가증권
종목명	태평양물산		종목코드	007980
증자주식수	7,900,000 (주)		실권주 주식수	
실권율			실권금액	
주당발행가	2,275 (원)		액면가	500 (원)
주가	- (원)		발행가 대비	(%)
일반청약자	(%) / - (주)		우리사주조합	(%) / - (주)
청약증거금율	100 (%)		1주당 배정주식수	0.1622164127 (주)
청약일정	2013.11.12(화) ~ 11.13(수)		청약한도	최고: -주 / 최저: -주
환불일	2013.11.15(금)		청약경쟁률	466.72:1
공모종류			발행가액 확정일	2013.11.05(화)
구주주 청약일	2013.11.07 ~ 11.08		증자방식	주주배정후 실권주 일반공모
홈페이지	www.panpacific.co.kr		상장예정일	2013.11.28(목)

4. 청약 1~2일 전에 다시 확인하기

청약 1~2일 전에 38커뮤니케이션에서 다시 해당 기업의 실권주 청약 정보를 확인한다. [IPO/공모]→[실권주/일반공모]→'기업명'을 클릭하면 된다. 태평양물산은 실권율이 4.78%이고, 실권금액이 8.5억원이었다.

5. 청약 당일, 증권사 홈페이지에서 확인하기

청약 당일에는 실권주 청약 주간사인 증권사의 홈페이지에서 청약 정보를 최종 확인하는 것이 좋다.

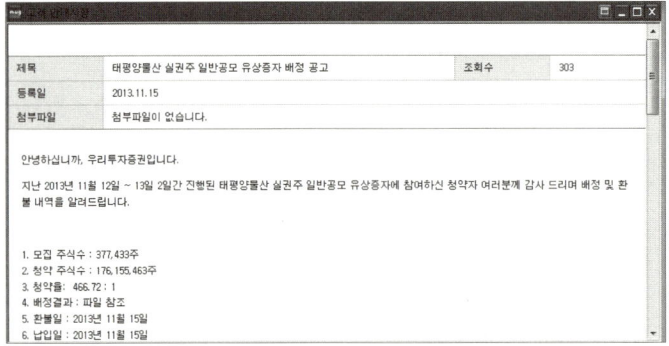

청약 당일 확인한 주간 증권사의 태평양물산 실권주 청약 정보

STEP 2   실권주 투자를 위한 증권 계좌 만들기

실권주 청약 예정 종목을 찾았으면, 주간 증권사에서 청약에 필요한 계좌를 만들어야 한다. 다음에 유의하면 된다.

첫째, 실권주 청약용 계좌를 따로 만들 필요가 없다. 공모주 청약용 계좌를 그대로 이용하면 된다.

둘째, 만일 기존 계좌가 없는 증권사라면 신규 계좌를 만들어야 한다. 증권사에서 계좌를 개설하는 방법은 112쪽에서 자세히 설명했으니 참고하기 바란다.

셋째, 실권주 청약은 공모주와 달리 소형 증권사에서도 많이 한다. 소형 증권사는 점포가 몇 군데 없기 때문에 계좌 개설 시 불편할 수 있다. 이때는 시중은행을 활용하는 것이 좋다. 해당 증권사와 업무 제휴를 한 은행에서 증권 계좌를 개설하면 된다. 하지만 은행에서는 CMA 계좌를 만들 수 없다.

넷째, 실권주에 청약할 때는 공모주 청약과는 달리 가족 계좌가 필요 없다. 실권주 청약은 1인당 청약 한도가 총 실권금액이기 때문에 본인 계좌만 있으면 충분하다. 실권금액이 10억원이면, 1인당 청약 한도가 10억원이 된다는 말이다.

STEP 3 실권주 옥석 가리기

실권주 청약은 공모주 청약 때보다 더욱 신중해야 한다. 철저한 종목 옥석 가리기가 필요하다. 신규 상장되는 기업은 기본적으로 재무 안정성이 검증되지만, 유상증자를 실시하는 기업들은 그렇지 못하다. 다수의 기업들은 부실한 재무구조를 가지고 있다. 심한 경우에는 부도 직전까지 간 기업이 위기 탈출의 수단으로 유상증자를 하기도 한다. 여기서는 분석력이나 정보력이 부족한 개인투자자가 실권주 종목의 옥석을 가리는 방법을 소개하겠다.

1난계 실권주의 옥석을 가리는 3가지 변수

실권주의 옥석 가리기에서 가장 중요한 3가지 변수는 바로 실권율, 주가와 발행가의 차이, 시가총액이다.

실권율 살펴보기

실권주 투자는 실권율이 낮을수록 좋다. 가능성 있는 기업일수록 청약률이 높기 때문이다.

실권율이 15% 이상(청약률 85% 이하)인 기업은 실권주 청약에서 배제하는 것이 좋다. 실권주는 대체로 상장 초기에 매물로 나오기 때문에 실권율이 높을수록 주가 상승에 걸림돌이 되기 때문이다.

사례 실권율이 높았던 유니켐

유니켐은 2013년 2월 실권주 청약을 실시했는데, 실권율이 무려 64%였다. 구주주의 2/3가 청약을 포기했다는 것은 그만큼 기업가치가 떨어진다는 의미이다. 실제로 유니켐은 신주가 상장된 후 4개월 동안 주가가 발행가를 넘지 못했다.

주가와 실권주 발행가의 차이

주가가 실권주 발행가보다 높을수록 좋다. 이 경우 시세차익이 크기 때문이다. 주가가 발행가의 115% 이하인 기업은 청약에서 배제한다.

실권주 청약 후 상장까지 약 2주의 시간이 필요한데, 그동안 주가가 하락할 가능성도 고려해야 하기 때문이다.

사례 주가가 실권주 발행가의 115% 이하였던 위노바

위노바는 2013년 11월에 실권주 청약을 했는데, 청약 첫날 주가는 544원으로 발행가인 500원의 108%에 불과했다. 결과적으로 위노바는 신주 상장일에 시초가가 501원에 시작해서 475원으로 마감했다.

시가총액 체크하기

시가총액이 클수록 좋다. 대형주일수록 안정성이 높기 때문이다. 시가총액 200억원 이하인 기업은 원칙적으로 청약에서 배제한다. 다만, 앞에서 말한 조건 두 가지를 모두 만족시키는 경우, 즉 실권율이

낮고 주가가 발행가보다 꽤 높은 경우라면, 시가총액이 200억원 이하인 기업이라도 청약해도 괜찮다. 실권주를 이 3가지 조건으로 걸러낸 후 남는 기업만 청약하면 된다.

2단계 마감 전 청약 경쟁률을 보고 최종 판단한다

실권주 청약 경쟁률은 종목이나 시장상황에 따라 천차만별이다. 공모주 청약보다 더 편차가 심한 경향이 있다. 경쟁률이 낮을수록 주의해야 한다. 청약 2일째 마감시간이 임박할수록 경쟁률의 신뢰도는 높다. 청약을 실행할 시간적 여유를 감안하여 실권주 청약 마감 30분~1시간 전의 것을 사용하면 된다. 1단계를 통과한 기업은 청약 경쟁률로 2단계 검증과정을 거친다.

실권주 청약 경쟁률이 100대 1 이하인 기업은 청약에서 배제한다. 낮은 경쟁률은 내가 모르는 위험이 있을 가능성이 높기 때문이다. 경쟁률이 100대 1이면, 청약 증거금이 1억원이라도 배정금액은 100만원 밖에 안 된다. 만일 투자에 실패하여 배정금액 100만원(총 투자금액의 1%)을 모두 잃어도 1년 안에 충분히 만회할 수 있는 금액이다.

사례 청약 경쟁률이 낮았던 우리종합금융

우리종합금융은 2014년 6월 실권주 청약을 했는데, 청약 경쟁률은 0.69대 1에 불과했다. 결과적으로 신주 상장일에 주가가 발행가 500원보다 낮은 482원에 시작해서 463원에 마감했다.

청약 경쟁률이 지나치게 높은 기업도 청약에서 배제한다. 이런 경우에는 배정 주식 수가 적어 예상 수익이 CMA 수익보다 낮을 수 있기 때문이다.

> **실전연습** 실권주 옥석 가리기

1. 실권주의 옥석을 가리는 3가지 변수를 고려하여 청약 여부를 결정한다. 3가지 변수는 실권율, 주가와 발행가의 차이, 시가총액이다. 태평양물산 실권주의 청약 결정 과정을 소개해 보겠다.

❶ 실권율: 4.78%
   ▷ 기준선인 15% 이내여서 OK!
❷ 주가와 발행가의 차이: 주가 3,130원, 발행가 2,275원, 주가/발행가 137%
   ▷ 기준선인 115% 이상이어서 OK!
❸ 시가총액: 1,200억원
   ▷ 기준선인 시가총액 200억원 이상인 기업이므로 OK!

2. 마감 30분~1시간 전의 청약 경쟁률을 보고 결정한다.

태평양물산의 경우, 청약 2일째 오후 3시 현재 경쟁률이 350대 1이었다.
▷ 청약 경쟁률이 100대 1 이상이고, 지나치게 높지도 않아 OK!
▷ 1, 2단계 옥석 가리기 결과, '태평양물산'은 청약하기에 적합한 종목으로 판정!

STEP 4 실권주 청약 자격 점검하기

실권주는 공모주와는 달리 별다른 청약 자격이 없다. 청약 당일에 증권사에 계좌만 있으면 된다.

> **STEP 5** 청약 2일째, 실권주 실제로 청약하기

실권주도 공모주처럼 청약 2일째에 경쟁률 추이를 지켜보다가 청약 마감 전에 청약하는 것이 좋다. 최종 경쟁률을 가늠할 수 있을 때까지 최대한 늦추기 위해서이다. 그럼, 실제로 실권주를 청약하는 과정을 따라가 보자.

실전연습 실권주 청약하기

1. 청약 2일째 경쟁률 추이를 지켜보다가 청약 마감(오후 3시 30분 또는 4시) 30분~1시간 전에 청약한다. 태평양물산 실권주는 청약 2일째 3시쯤에 청약 경쟁률이 390대 1이었다. 청약 결정 기준선인 100대 1을 넘고, 지나치게 높지도 않은 경쟁률이라 청약을 하기로 결정했다.

2. 주간 증권사의 홈페이지에 접속해서 '실권주 청약 창'을 연다. 태평양물산 실권주 청약의 주간사는 NH투자증권이었다. NH투자증권(HTS)에 접속한 다음에 **[온라인지점]**→**[청약/권리]**→**[공모주청약종합]**을 클릭한다.

3. 공모주(실권주) 청약 창이 열린다. 이 창에서 **청약신청** 탭을 누른 다음에 신청 계좌번호와 비밀번호를 입력한다.

4. 이제 청약할 실권주 종목을 찾기 위해 **[청약종목선택]**을 누른 후 '태평양물산'을 선택한다.

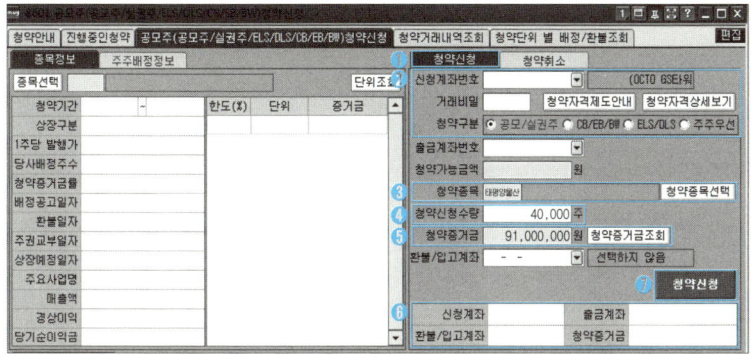

5. 청약 수량을 결정한다. 보유 자금, 예상 청약 경쟁률을 고려하여 결정하면 된다. 필자는 태평양물산 실권주의 청약 수량을 40,000주로 결정해서 입력했다. 자금이 1억원이라고 가정하면 40,000주를 청약할 수 있기 때문이다.

$$\text{청약주수} = 1\text{억원} \div \underset{\text{발행가}}{\underline{2,275원}} = 43,956\text{주}$$
청약 금액

하지만 10,000주 초과 시에는 청약 단위가 5,000주이기 때문에 40,000 주를 청약한 것이다.

6. 이제 청약 증거금을 알아보기 위해 〈청약 증거금 조회〉 단추를 누른다. 공모주의 증거금은 50%이지만, 실권주의 증거금은 청약금액의 100%이다. 예를 들어 청약금액이 1만원×1만주=1억원이면, 청약 증거금은 1억원이 된다.

7. 베이스캠프(CMA 계좌)에 예치되어 있는 자금에서 증거금만큼을 청약 계좌로 이체한다. 필자는 베이스캠프에 예치되어 있는 9,100만원을 청약계좌로 이체했다.

청약금액=2,275원×40,000주=9,100만원 청약 증거금=91,000,000원

8. 실권주 청약에 필요한 정보를 모두 입력했다. 이제 〈청약 신청〉 단추를 클릭한다.

9. 투자설명서 확인 과정을 거친 후 최종적으로 〈확인〉을 클릭하면 실권주 청약이 완료된다.

STEP 6 청약 배정 후 환불금 돌려받기

실권주도 공모주처럼 청약 경쟁률에 따라 주식을 배정받는다. 대개 높은 경쟁률로 소량의 주식만 배정받고 나머지는 환불된다. 청약 증거금에서 배정받은 금액을 뺀 나머지는 청약일로부터 2~4일 후에 환불된다. 청약 환불금은 다음과 같다.

환불금=청약 증거금−주식 배정금액

환불금은 즉시 베이스캠프 계좌나 청약 자격 맞추기가 필요한 계좌로 이체한다.

실전연습 청약 배정 후 환불금 돌려받기

실권주도 공모주처럼 청약 경쟁률에 따라 소량의 주식만 배정받고 나머지는 환불받게 된다. 환불금을 돌려받는 방법을 알아보자.

1. 태평양물산 실권주의 청약 경쟁률이 466.72대 1로 나왔다.

2. 40,000주를 청약하여 86주가 배정되고 환불금은 2일 후 계좌로 입금된다.

$$배정주수 = \underset{\text{청약 수량}}{40{,}000주} \div \underset{\text{청약 경쟁률}}{466.72} = 86주$$

> 85.7주인데 5사6입에 따라 86주 배정

$$환불금 = \underset{\text{청약 금액}}{9{,}100만원} - (\underset{\text{실권주 가격}}{2{,}275원} \times \underset{\text{배정 수량}}{86주}) = 90{,}804{,}350원$$

3. 청약 2일 후에 환불금을 받으면, 바로 베이스캠프 계좌나 청약조건 맞추기가 필요한 계좌로 이체한다.

STEP 7 드디어 실권주 상장!

실권주는 청약에서 상장까지 12~14일 정도 걸린다. 실권주는 공모주와는 달리 별도의 시초가를 결정하는 절차가 없다. 상장일의 구주 가격이 시초가가 된다.

STEP 8 실권주 매도하기―최적 매도 타이밍의 2가지 원칙

이제 주식시장에 실권주가 상장되면 매도해 보자. 언제 매도하는 게 가장 좋을까? 투자수익을 높이기 위해서는 매도 타이밍이 중요하다. 꼭 기억해야 할 원칙 몇 가지를 알아보자.

입고 2일 전부터 권리 공매도가 가능하다

권리 공매도란 입고될 주식을 사전에 매도하는 것을 말한다. 입고일보다 2거래일 전부터 매도할 수 있다.

유상 신주의 입고일이 5월 15일(목)인 경우, 2거래일 전인 5월 13일(화)에 권리 공매도를 하면, 2거래일 후인 5월 15일에 주식이 입고되어 결제가 되는 것이다.

'권리 공매도' 주문 창은 일반주문 창과 다르고, 증권사마다 공매도 주문 시스템이 달라 사전에 확인해 두는 것이 좋다.

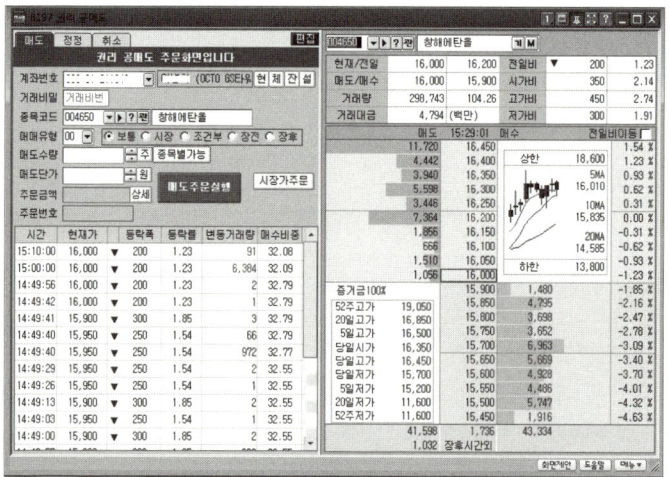

상장 초기에 매도한다, 최소 절반이라도!

실권주는 상장 초기, 즉 상장 2일 전에서 상장 2일 후에 전부 매도하는 것이 좋다. 최소한 절반이라도 매도하는 게 유리하다.

기업에 대한 분석력이 없다면 앞으로 주가가 어느 방향으로 움직일지도 예상할 수 없다. 그럴 때는 매도하는 것이 정신건강에 좋고 시간 절약에도 도움이 될 것이다. 따라서 망설이지 말고 빨리 정리하자.

[실전연습] 실권주 최적 타이밍에 매도하기

1. 필자가 실권주 청약을 한 태평양물산은 상장일이 11월 28일이었다. 그러므로 2일 전인 11월 26일부터 권리 공매도가 가능하다. 주관사는 NH투자증권이었다.

NH투자증권에 접속한 다음에 [주문체결]→[권리 공매도]를 누른다. 또는 검색창에 '8197'을 입력해도 된다. 그러면 권리 공매도 창이 열린다.

2. 필자는 주식이 입고되기 2거래일 전인 11월 26일에 시초가 3,090원에 전부 매도하여 매매차익 70,090원을 얻었다.

매매차익 = (3,090원 − 2,275원) × 86주 = 70,090원
           시가   청약 가격 배정 주수

3. 권리를 매도한 2일 후인 11월 28일에 결제가 되면, 그 돈을 즉시 베이스캠프 계좌나 청약 조건 맞추기가 필요한 CMA 계좌로 이체한다.

STEP 9 　실권주 투자 평가 및 평가표 기록하기

여기서는 '태평양물산' 청약 수익과 수익률의 예를 들어 실권주 투자결과를 평가하는 방법을 알아보겠다. 같은 돈을 CMA 계좌에 예치했을 때와 비교해 보겠다.

수익=(3,090원-2,275원)×86주-(거래세+매매수수료)=69,800원
　　　　시가　　청약 가격　배정 주수

수익률=69,800원÷9,100만원×100=0.076%

투자자금이 실권주 투자의 증거금으로 묶여 있는 2일 동안의 CMA 수익(세후)은 10,500원이다. 실권주 투자 수익률이 기회비용 대비 6.9배나 높다.

▼ 실권주와 CMA의 투자 수익률 비교

청약 증거금	실권주 수익	실권주 수익률	CMA 수익	CMA 수익률
9,100만원	69,800원	0.076%	10,500원	0.011%

실권주 투자 수익률이 기회비용 대비 무려 6.9배나 높다.

* CMA 수익은 증거금으로 묶여 있는 2일 동안의 9,100만원에 대한 세후 이자
* CMA 금리는 연 2.11%(연 2.5%의 세후 수익률) 적용

투자원금이 1억원이라면, 태평양물산 실권주의 청약 결과를 다음과 같이 기록하면 된다.

▼ 실권주의 청약 평가표　　　　　　　　　　　　　　　　　　투자원금: 1억원

구분	종목명	수익	수익률
2013년 11월	태평양물산	69,800원	0.069%

08 실권주 청약, 꼭 지켜야 할 6가지 투자원칙

실권주 투자원칙은 '공모주 투자원칙'과 큰 차이가 없다. 다만 공모주에 비해 조금 덜 안전한 투자이므로 좀 더 신중하고 절제해야 한다.

제1조   여기서 정하는 '실권주 투자원칙'은 무조건 지킨다

제2조   금리+알파(연 2~3%)를 목표로 한다

실권주 청약은 대박을 노리는 투자가 아니다. 저위험 투자를 통해 금리+알파(연 2~3%)의 수익을 목표로 하는 소박한 투자이다. 이 원칙을 벗어나 무리한 수익을 내려다 보면 큰 손실을 입을 수 있다.

제3조   청약 전에 '청약 핵심 사항'을 반드시 점검한다

청약 핵심사항인 청약 배제 우선 순위[176쪽], 청약 경쟁률(마감 30분~1시간 전 경쟁률)을 반드시 점검한다.

제4조   예상 수익이 CMA 수익보다 클 때만 청약한다

첫째, 예상 경쟁률과 상장 시 예상 주가를 가정해 예상 수익을 계산해 본다.[186쪽]

둘째, 청약을 하지 않고 CMA 계좌에 2일간 예치한 경우의 예상 수익을 계산해 본다.[158쪽]

셋째, 청약 수익이 CMA 수익보다 크면 청약한다.

제5조   리스크 관리 요령을 철저하게 지킨다

첫째, 경쟁률이 낮은 종목은 청약하지 않는다.

종목에 대한 평가는 경쟁률에 나타난다. 실권주의 청약 경쟁률이 20 대 1 이하인 종목은 미련 없이 청약을 포기한다.

둘째, 실권주를 계획보다 많이 배정받는 것도 리스크이다.

만일 실권주를 원하는 금액 이상으로 배정받았는데 상장 후 주가가 발행가 이하로 하락하게 되면, 감수할 수 있는 수준을 넘는 손실을 떠안게 된다. 이것이 바로 리스크이다. 이런 리스크를 예방하기 위해서는 치밀한 대응이 필요하다.[152쪽]

제6조   원칙을 지켰다면 결과가 나빠도 자책하지 않는다

원칙을 무시해서 실패한 '대한전선' 실권주 청약

2012년 12월 6~7일, 대한전선 실권주 청약이 있었다. 당시 대한전선은 무리한 사업 확장에 따른 후유증을 앓고 있었다. 대규모 차입금을 상환하기 위해 3,500억원 규모의 유상증자를 실시했고, 그 과정에서

906억원(실권율 26.9%)의 실권주가 생겼다. 12월 6일 종가가 5,480원으로 실권주 발행가 4,345원과는 20%의 차이가 있었다.

청약 2일째 3시, 청약 경쟁률이 0.8대 1로 미달이었다. 거기서 청약을 포기했어야 옳았으나, 필자는 원칙을 무시하고 청약을 감행했고 그 결과는 참담했다. 결국 청약 경쟁률은 0.96대 1로 마감되어 꽤 큰 금액 전부를 배정받게 되었다.

그런데 거기서 한 가지 실수를 더 했다. 상장 첫날 약간의 손실을 감수하면 팔고 빠져나올 수도 있었으나, 욕심을 부리다가 결국은 훗날 주당 15% 손실을 보고 나서야 빠져나왔다. 이 모든 게 필자 스스로 만든 원칙을 지키지 않아서 생긴 참사였다.

> **대한전선 실권주 투자에서 지키지 않은 원칙**
> 1. 경쟁률이 낮은 종목은 청약하지 않는다(제5조).
>   계획보다 많이 배정받는 것도 리스크이다(제5조).
> 2. 실권율이 15%를 넘으면 청약하지 않는다(제3조).
> 3. 실권주는 대박을 노리는 투자가 아니다(제2조).
> 4. 상장 초기에 전부 매도한다.
> 5. 여기서 정하는 '실권주 투자원칙'은 무조건 지킨다(제1조).

3장

다양한
저위험/중수익 상품

...

안정적인 자산관리의 핵심 속에는

채권투자가 존재한다.

실제로 거액 자산가들의 재테크 중심에는

채권투자가 있다.

재테크에서 최후의 승자가 되려면

채권공부를 해야 한다.

— 모응순, 『진짜 부자는 채권에 투자한다』

■ '저위험/중수익' 상품의 핵심은 공모주와 실권주 청약이다. 저위험이어서 원금을 지킬 수 있고, 중수익이어서 수익 욕구를 채워 줄 수 있는 콘셉트에 가장 잘 부합하는 상품이다. 그렇다고 두 개의 상품만 있는 건 아니다. 안정성과 수익성이 공모주와 실권주 청약보다는 조금 못하지만 충분히 매력적인 상품이 있다. 우량기업 전환사채(CB), 저축은행 정기예적금 및 조합 예탁금과 주택연금이 바로 그런 상품이다.

주택연금은 다른 금융상품들과는 그 성격을 달리한다. 그럼에도 불구하고 여기서 비중 있게 다룬 데는 그만한 이유가 있다. 주택연금 상품이 노후의 경제적 안정에 기여한다는 취지에서 만들어졌고, 여생 동안 살아갈 수 있도록 매월 일정한 현금을 제공한다는 사실은, '저위험/중수익' 상품을 투자하는 취지와 다르지 않다고 생각했기 때문이다.

01 우량기업 전환사채는 필수 아이템이다

전환사채, 왜 양다리 투자라고 할까?

우량기업 전환사채(CB; Convertible Bond)는 '저위험/중수익'을 추구하는 투자자에게는 필수 아이템이다.

전환사채(CB)란 기본적으로 채권이다. 만기까지 보유하면 약속된 이자와 원금을 돌려받을 수 있다. 하지만 그것이 전부가 아니다. 일정 기간이 지난 후 특정 가격에 그 기업 주식으로 전환할 수 있는 권리(전환권)를 부여받은 채권이다.

투자자들은 그 기업의 주가가 오르면, 전환권을 행사해 주식으로 받은 후 매도하여 시세차익을 얻을 수 있다. 반대로 주가가 오르지 않으면, 전환권을 포기하고 만기까지 채권 상태로 보유하여 원금과 이자를 받으면 된다. 전환사채 투자가 '양다리 투자'라고 불리는 이유다.

채권의 안정성과 주식의 수익성을 혼합해 위험을 최소화하면서도 비교적 높은 수익을 얻을 수 있어서 전문 투자자들에게 인기가 높다.

전환사채에 돈이 몰린다

2014년 3월에 실시된 한솔홈데코 전환사채의 청약 경쟁률은 무려 76대 1이었다. 개인투자자는 물론 자산운용사, 투자자문사의 자금이 1조 3,285억원이나 몰린 것이다. 이중에서 개인투자자의 청약금은 7,900억원이었다.

2014년 전환사채를 발행하는 기업도 급증했다. 한국거래소와 에프앤가이드에 따르면, 2014년 연초부터 5월까지 상장 기업들이 발행한 전환사채 규모는 1,000억원을 넘어섰다. 전년 같은 기간 발행액이 230억원이었던 것과 비교하면 약 5배나 늘어난 것이다.

전환사채는 어떤 기업이 발행하나?

첫째, 회사채 발행이 여의치 않은 기업이 발행한다. 회사채란 기업이 자금을 조달하기 위해 발행하는 채권을 말한다. 그런데 신용등급이 낮은 경우 회사채 발행이 쉽지 않다. 이런 기업이 전환사채의 주식 전환 청구권을 활용해 전환사채를 발행한다.

둘째, 전환사채는 금리가 회사채보다 낮다. 주식으로 전환할 수 있는 권리를 주기 때문이다. 그래서 회사채 금리보다 낮은 금리로 자금을 조달하려는 기업이 발행한다. 기업의 신용등급에 따른 회사채 금리가 5%라면, 전환사채로 발행하게 되면 금리가 2~3%면 된다.

셋째, 경영권 승계나 방어에 활용하려는 기업이 발행한다. 전환사채를 확보하고 있다가 필요할 때 주식으로 전환하면 지분율을 높일 수 있다.

전환사채의 발행조건을 알아보자

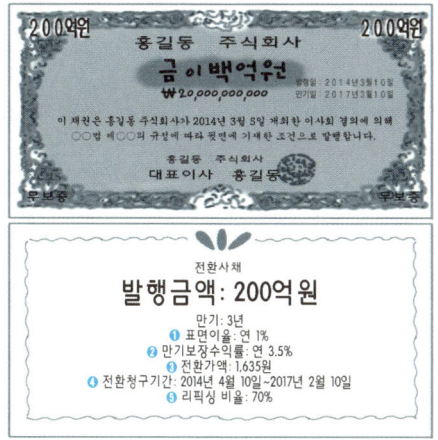

❶ 표면이율

표면이율(Coupon Rate)은 이자 지급 시 기준이 되는 연 금리를 말한다. 위에서 예를 든 홍길동주식회사 전환사채의 표면이율은 연 1%이다.

↪ 세금은 연 1% 이자에 대해서 내면 된다.

❷ 만기보장 수익률

전환사채는 일반 회사채보다 발행 이자율이 낮은데, 이는 주식으로 전환할 수 있는 권리가 주어지기 때문이다. 그런데 주가가 전환가격보다 낮아 전환 청구권을 행사하지 못하면 그동안의 낮은 수익에 대한 보상을 받는다. 이때 투자자가 받는 수익률을 표시한 것이 만기보장 수익률이다. 예로 든 홍길동주식회사 전환사채의 만기보장 수익률은 연 3.5%이다.

↪ 이 전환사채를 만기까지 보유하면 연 3.5%의 이자를 받는다.

❸ 전환가액

전환가액(전환가격; Conversion Price)은 주식으로 전환할 수 있는 가격을 말한다. 예로 든 홍길동주식회사 전환사채의 전환가액은 1,635원이다. 주가가 1,635원 이상이 될 때, 전환사채를 주식으로 전환을 신청하면 된다. 만약 홍길동주식회사의 주가가 2,000원일 때, 전환사채 1,000만원을 주식으로 전환을 신청한다면 몇 주를 받을 수 있을까? 매도 시 시세차익은 얼마일까?

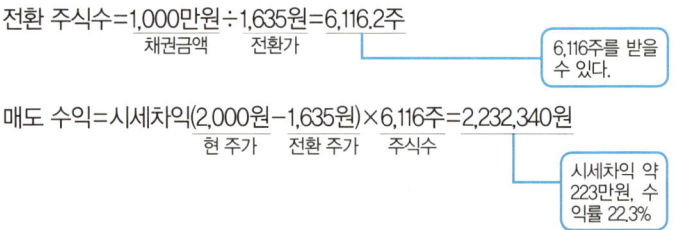

❹ 전환 청구기간

전환 청구기간은 일반적으로 발행일 1개월 후부터 상환 1개월 전까지로 정하고 있다. 예로 든 홍길동주식회사 전환사채의 전환 청구기간은 2014년 4월 10일에서 2017년 2월 10일까지이다.

❺ 리픽싱 비율

리픽싱(Refixing)은 '전환가격 조정'이라고도 한다. 전환사채 발행 후, 전환가격을 하회하는 발행가격으로 유상증자, 무상증자, 주식배당 등을 해서 발행될 주식의 실질가치가 하락할 경우, 전환권의 희석화를 방지하기 위해 전환가격을 조정한다. 즉 전환사채를 발행할 때 리픽싱 비율을 미리 정해둔다. 리픽싱 비율이 60%라는 것은 발행 시 전환가격을 60%까지 조정할 수 있다는 의미이다.

예로 든 홍길동주식회사 전환사채의 리픽싱 비율은 70%이다. 이벤트가 생겼을 때 전환가격을 70%까지 조정할 수 있다는 의미이다.

전환사채의 발행정보 찾기

첫째, 인터넷 사이트에서 전환사채 발행정보를 얻을 수 있다. 38커뮤니케이션(www.38.co.kr)에 접속한 다음에 **[IPO/공모]→[CB/BW]**를 누르면 전환사채의 발행정보를 볼 수 있다.

다음의 화면에서 두산건설의 전환사채가 2014년 9월 1~2일 청약을 받고, 주간사는 KTB투자증권이라는 사실을 확인할 수 있다.

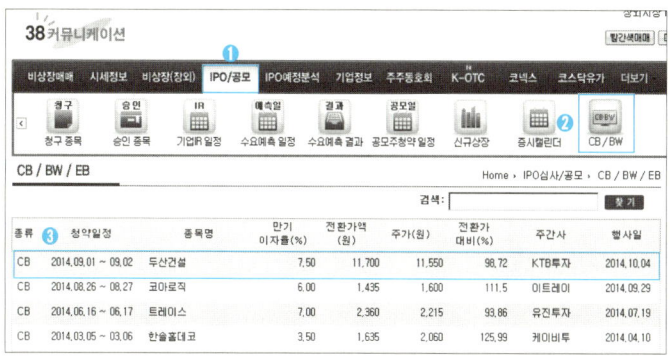

둘째, 이미 상장된 전환사채에 대한 정보는 증권사 HTS에서 얻을 수 있다. 2014년 3월에 발행된 한솔홈데코37 전환사채의 현재가는 13,200원이라는 것을 알 수 있다.

증권사 HTS에서 이미 상장된 전환사채에 대한 정보를 확인하는 모습

전환사채 매매하기

전환사채는 발행시장, 유통시장에서 살 수 있다. 먼저 발행시장에서 전환사채를 사는 경우를 살펴보자. 발행이 예정된 전환사채를 주간 증권사가 진행하는 청약을 통해 액면가에 매입할 수 있다. 이 경우 청약 경쟁률에 따라 안분배정이 된다. 안분배정이란 자신이 투자한 비율에 따라 배정을 받는 것을 말한다.

유통시장에서도 전환사채를 매수할 수 있다. 이미 발행된 전환사채를 증권시장을 통해 거래되는 시세로 매입하는 것이다. 시세 변동에 따라 액면가 10,000원인 전환사채를 10,200원에 매입할 수도 있고 9,800원에 매입할 수도 있다.

주식으로 전환 후 매도하기, 채권시장에서 채권으로 매도하기

주가가 전환가액보다 높으면 주식으로 전환한 후 매도하면 된다. 전환 청구를 하면, 약 2~3주 후에 주식으로 받을 수 있고 그 주식을 주식시장에서 팔면 된다. 단, 전환 청구 시점부터 주식으로 나오는 기간 중의 주가 변동은 투자자가 리스크로 떠안아야 한다.

　주식으로 전환하지 않고, 채권시장에서 전환사채로 매도해도 된다. 전환사채의 가격은 주가와 연동하여 계속 움직인다. 주가가 오르면 채권인 전환사채의 가격도 상승한다. 전환사채의 가격이 미리 정한 목표가격에 왔을 때 채권시장에서 팔면 된다.

. . .
수익이나 성공이 전부는 아니다.

그보다는 스트레스를 받지 않고서

자산을 증식하는 것이 더 중요하다.

자신의 타고난 기질에 맞게 투자하지 않고,

욕심 때문에 무리한 리스크를 진다면

스트레스를 피할 수 없다.

— 보도 섀퍼, 『보도 섀퍼의 부자 전략』

02 알짜배기 전환사채 고르는 6가지 방법

전환사채는 실제로 많은 자산가들이 매우 선호하는 투자수단이며, '저위험/중수익'을 노리는 투자자들의 필수 아이템이다. 그럼, 알짜배기 전환사채를 고르는 6가지 방법을 알아보자.

발행회사의 재무 안정성을 고려한다

전환사채는 설령 주식으로 전환하지 못하더라도 만기까지 보유하면 만기보장 수익률을 받는다. 하지만 최소한 만기까지는 발행기업이 부도가 나지 않아야 된다는 조건이 전제된다. 그런데 전환사채는 일반 회사채와 달리 신용등급의 영향을 적게 받는다. 소액 공모인 경우에는 아예 신용등급에 관계없이 발행된다. 이런 전환사채는 무보증 채권이어서 부도가 나면 이자는 물론 원금을 돌려받지 못할 수도 있다.

▶ 부도 위험이 없는 회사만 투자한다. 조금이라도 꺼림칙하면 하지 않는다.

사례 **대박을 낸 전환사채, LG이노텍**

LG이노텍은 2013년 9월 17일에 만기 3년, 표면이율 연 0.1%, 전환가액은 85,800원의 조건으로 제32회 전환사채(LG이노텍32CB)를 발행했다.

그런데 LG이노텍 주가는 2013년 12월 이후 고공행진을 지속했다. 2014년 1분기 영업이익은 전년 동기 대비 298.6%, 전분기 대비 118.4% 증가한 631억원을 기록하며 어닝서프라이즈를 달성했다. 그래서 주가가 2014년 5월 현재 115,000원까지 올라 전환가액 85,800원 대비 무려 35%나 상승했다. 이때 전환사채를 주식으로 전환하여 매도했다면, 불과 8개월 만에 35%의 시세차익을 올린 것이다.

표면이율이 높으면 오히려 조심한다

고금리를 주는 기업은 그만큼 리스크가 크다는 의미이다. 예전에 8~10%까지 고금리를 주었던 STX그룹, 동양그룹은 계열사들이 워크아웃이나 법정관리로 넘어갔다는 것을 명심하자.

주가와 전환가액의 차이를 고려한다

투자자 입장에서는 전환사채의 이자보다는 시세차익이 더 매력적이다. 전환가액이 현재 주가와 차이가 큰지 살펴보아야 한다. 현재 주가가 5,000원인데, 전환가액이 10,000인 경우와 6,000원인 경우는 시세차익 가능성이 분명히 다르다.

만기보장 수익률을 참고한다

전환사채를 만기 안에 주식으로 전환하지 못하면 채권 이자를 받는 것으로 만족해야 하기 때문에 만기보장 수익률이 중요하다. 2014년 3월에 발행된 한솔홈데코 전환사채의 만기보장 수익률은 연 3.5%이다. 주가가 상승하지 않는 경우에도 전환사채를 보유함으로써 만기에 예금금리보다 높은 이자를 받게 되는 셈이다. 하지만 표면이율과 마찬가지로 만기보장 수익률이 지나치게 높을 때는 경계해야 한다. 기업의 재무상태가 좋지 않다는 신호일 수 있기 때문이다.

리픽싱 비율을 고려한다

주가가 하락하는 경우에 전환가액을 조정할 수 있는 리픽싱(Refixing) 비율도 고려해야 한다. 예를 들어 현재 주당 전환가액이 10,000원인데 리픽싱 비율이 70%라면, 주가 하락 시 전환가액을 최대 7,000원까지 조정할 수 있다는 것이다. 투자자 입장에서는 리픽싱 비율 90%보다는 70%가 유리한 조건이다.

주식 전환에 걸리는 기간을 감안한다

전환사채를 전환 신청을 하면, 그 즉시 주식이 계좌에 입고되는 것이 아니다. 약 2~3주 정도의 시간이 필요하다. 따라서 전환 신청 후 주식 입고를 기다리는 동안에 주가가 하락할 수도 있음을 감안해야 한다. 이런 리스크를 피하려면 주식으로 전환을 신청하는 대신에 채권으로 증권사를 통해 직접 매도하면 된다.

...
보수적인 투자자는

마음이 편하다.

—필립 피셔, 『보수적인 투자자는 마음이 편하다』

03 저축은행 정기예적금 및 조합 예탁금 다시 보기

은행보다 높은 금리를 주면서도 원금까지 보장되는 상품들이 있다. 금리가 만족할 만한 수준은 아니지만 대안이 없어 재테크의 필수 아이템이 되는 상품들이다. 이왕이면 이자를 0.1%라도 더 받을 수 있는 이런 상품에 가입하는 게 좋다. 그것이 재테크의 기본이다.

알짜배기 정기예적금 찾는 법

저축은행의 정기예금은 약정기간 동안에 은행보다 높은 확정이자를 지급하여 목돈을 굴리기에 적합한 상품이다. 가입기간은 36개월까지 다양하며 가입방법은 매우 간단하다. 은행에서 예금을 가입하는 것과 동일하다.

저축은행의 정기적금은 약정기간 동안 매월 일정액을 납입하는 적금으로, 은행보다 높은 금리를 지급하여 목돈 모으기에 적합한 상품이다. 가입기간이 보통 6~60개월이다.

저축은행의 정기예적금의 장점을 살펴보자.

첫째, 원금과 이자를 합하여 1인당 최고 5,000만원까지 예금자보호가 된다. 저축은행의 신용도가 제1금융권에 비해 떨어지지만 예금자보호가 안전장치 역할을 한다.

둘째는 상대적으로 고금리이다. 보통 예금금리는 은행과 비교해 연 0.2~0.5%, 적금금리는 연 1~1.2%가 높다.

저축은행의 정기예적금 금리를 알아보는 방법을 살펴보자. 이왕이면 이자를 조금이라도 더 받는 상품에 가입하는 것이 좋다. 그것이 재테크의 시작이다.

1. 저축은행중앙회(www.fsb.or.kr) 홈페이지에서 **[금융상품]→[예금안내]→[예금 금리보기]**를 누르면 된다. 2014년 9월 현재 저축은행의 정기예금 금리는 2.6~2.7%이고, 정기적금 금리는 연 3.3~3.6% 수준이다.

TIP 인터넷뱅킹을 이용하여 가입하면 0.1% 가산금리를 주는 저축은행이 많다.

평균금리 (금리등록일 : 2014-09-22)			
정기예금(1년)	정기적금(1년)	신용부금(1년)	표지어음(90일)
2.72%	3.45%	3.06%	2.08%

• 저축은행 금리

지역	은행명	정기예금 (1년)	정기적금 (1년)	신용부금 (1년)	표지어음 (90일)	전화번호	등록일자
서울	대신	2.70	3.50	3.00	-	02-519-5000	2014-09-22
서울	더케이	2.60	3.50	3.50	2.30	02-569-5600	2014-09-22
서울	동부	2.60	3.30	3.30	2.20	02-3705-1700	2014-09-22
서울	만국	2.60	3.60	3.60	2.00	02-2271-0071	2014-09-22

저축은행중앙회 홈페이지에서 예적금 금리를 확인하는 모습

2. 안전한 저축은행을 선택한다.

저축은행중앙회 홈페이지의 '빠른 서비스'에 있는 '저축은행 공시'를 클릭하면 원하는 저축은행의 요약 공시를 볼 수 있다. 기준은 다음의 2가지이다.

첫째, 위험가중자산에 대한 자기자본비율(BIS)이 8% 이상인 저축은행을 고른다.

둘째, 전년도 순이익 흑자 은행이면 더 좋다.

주요경영비율			
		제32기 3분기말(금분기) : 2014년 3월말	
		제31기 3분기말(전년동기) : 2013년 3월말	
			(단위 : 억원, %, %p)
구분	제32기 (금분기)(A)	제31기 (전년동기)(B)	증감 (A-B)
고정이하여신비율	45.44	44.64	0.80
위험가중자산에 대한 자기자본비율	5.55	2.79	2.76
유동성비율	126.73	157.39	-30.66
예대비율	76.73	83.15	-6.42
총자산이익률	-0.31	-1.74	1.43
자기자본이익률	-5.62	-42.91	37.29
소액신용대출 금액 주 1)	10.0	19.0	-9.00
소액신용대출 연체비율 주 2)	58.27	72.99	-14.72
주 1) 총여신중 3백만원이하의 신용대출금액을 기재			
주 2) 연체기준 : 기한의 이익을 상실한 여신			

저축은행의 안정성을 확인하는 화면

3. 정기예금은 원금과 이자를 합하여 5,000만원, 정기적금은 만기 시 돌려받을 원금과 이자를 계산하여 5,000만원이 되지 않도록 가입한다. 5,000만원을 초과하면, 예금자보호는 저축은행별로 5,000만원씩 적용되므로 여러 은행에 분산하여 예금하면 된다. 가족끼리 명의를 나누어 가입하는 것도 하나의 방법이다.

TIP 예적금 가입의 성공은 해지 여부에 달렸다. 저축은행이 은행보다 높은 예적금 금리를 주고서도 손해를 보지 않는 비결은 비교적 높은 중도 해지율에 있다고 한다. 역설적으로 만기까지 버틸 수만 있다면 예/적금은 훌륭한 재테크 수단이 될 것이다.

조합 예탁금 100% 활용하기

농·수·축·신협 및 새마을금고 조합 예탁금은 약정기간 동안 확정이자를 지급하고 이자에 대해 비과세 혜택을 주므로 목돈 모으기에 적합한 상품이다. 가입기간은 3~60개월이다. 2014년 8월 현재 이율은 연 2.75% 수준이다. 장점을 살펴보자.

첫째, 각 조합의 중앙회가 원금과 이자를 합하여 1인당 최고 3,000만원까지 예금자보호를 해 준다.

둘째, 1인당 3,000만원까지 이자소득세(15.4%) 대신 농특세(1.4%)만 부과한다.

셋째, 세금이 적으므로 상대적 고금리이다. 연 실질금리가 은행에 비해 0.5~0.7% 높은 셈이다. 2014년 8월 현재 연 금리가 2.75% 수준이므로, 세전으로 환산하면 3.2% 수준으로 높은 편이다. 단, 가입 방법은 간단하나 지점이 많지 않아 다소 불편하다.

농·수·축·신협 및 새마을금고에 정기예금이나 정기적금을 가입하려면 다음과 같이 하면 된다.

첫째, 각 조합의 예금금리를 조사한다. 각 영업점에 전화를 걸어 금리를 알아보아야 한다.

둘째, 안전하고 적합한 조합을 선택한다. 이왕이면 전년도에 흑자가 난 조합 중에서 고른다.

셋째, 반드시 원금과 이자를 합하여 3,000만원이 되지 않도록 가입한다. 각 조합의 중앙회가 원금과 이자를 합하여 1인당 최고 3,000만원까지 예금자보호를 해 주기 때문이다.

● ● ● ●

진정으로 지혜로운 부자들은 돈의 절대 액수를 중요시하기 때문에 상대적 비교에 따른 푼돈이란 이름을 거부한다. 그래서 그들은 수백억 원을 가졌음에도 100원짜리 하나도 소중히 여기지만, 상대적 가치 프레임에 빠져 있는 사람들은 콩나물 값을 깎을 때는 100원을 귀하게 여기다가도 10만원짜리 물건을 살 때는 100원을 하찮게 여겨 깎으려고도 하지 않고, 혹시나 100원을 깎아준다고 하면 오히려 기분 나빠 한다.

―최인철, 『프레임』

...

<u>스스로</u>

돈 버는 나귀가 되는 것과

돈 버는 나귀를 갖는 것의

차이는

바로 저축에 있다.

— 보도 섀퍼

04 확정금리 상품의 4단계 활용법

확정금리 상품에 가입한다면, 어떤 상품에 우선순위를 두어야 할까? 만약 1억원의 여유자금이 있다면, 어떻게 예금하는 것이 최선의 방법일까?

1단계 농·수·축·신협 및 새마을금고의 조합 예탁금에 먼저!

세후 실수령액을 비교해 보면 조합 예탁금이 저축은행 정기예금보다 많다. 우선 부부 각자 명의로 조합 예탁금에 3,000만원씩 가입한다.

▼ 금리 비교표

구분	조합 예탁금	저축은행 정기예금
원금	1,000만원	1,000만원
이율	2.75%	2.8%
세율	1.4%	14.5%
1년 후 실수령액	1,000만원+271,150원	1,000만원+236,880원

조합 예탁금은 2014년 현재 비과세지만, 2016년 5%, 2017년 9%의 과세가 예정되어 있다. 최근 이들 과세가 더욱 강화될 조짐도 보인다. 실제 농어민이 아닌 준조합원이 비과세 혜택을 고스란히 누리고 있음도 눈에 띈다. 1인당 3,000만원까지 비과세이므로, 자산가 사이에서는 1억 2,000만원(4인 가족 기준)까지 필수로 가입하는 상품이 되었다.

2단계 다음 차례는 저축은행 정기예금

저축은행 정기예금에 나머지 4,000만원을 2,000만원씩 부부 명의로 가입한다. 2,000만원 중에서 각각 1,000만원에 대해서는 세금우대 신청을 한다. 만일 여유자금이 1억원을 넘는다면, 저축은행별로 5,000만원 이내로 분산하여 가입하면 예금자보호를 모두 받을 수 있다.

3단계 세금우대 혜택은 필수

보통 이자소득에 대해 15.4%를 과세하지만, 세금우대 대상은 9.5%만 과세한다.

세금우대는 만 20세 이상, 금융기관을 합산하여 1,000만원까지 신청할 수 있다. 세금우대 신청은 이율이 높은 상품에 신청할수록 혜택이 커지므로 신협 비과세 예금보다 저축은행 정기예금에 신청하는 것이 좋다.

> 2014년 9월 현재 정부가 내놓은 세법 개정안이 국회를 통과하게 된다면, 2015년부터 세금우대 혜택이 없어지게 된다.

4단계 **60세 이상은 생계형 비과세 혜택을**

만 60세 이상(남,녀 모두), 장애인, 고엽제후유증환자, 5.18민주화운동 부상자, 기초생활수급자는 생계형 비과세 대상이 된다. 가입한도는 3,000만원이다.

◐ 2014년 9월 현재 정부가 내놓은 세법 개정안이 국회를 통과하게 된다면, 2015년부터 생계형 비과세 혜택이 5,000만원으로 증액된다.

...
행복해지기 위해서는

두 가지 방법이 있다.

욕망을 줄이거나

소유를 늘리는 것이다.

현명한 사람이라면

이 두 가지를 동시에 추구한다.

- 벤저민 프랭클린

05 노후를 위한 최고의 상품, 주택연금

아내와 둘이 사는 김 모(75세) 씨는 노후 생활비를 위해 오랜 고민 끝에 주택연금에 가입했다. 시세가 5억원인 집을 담보로 한 달에 206만원을 받는다. 처음에는 집을 물려주지 못해 아쉬웠지만, 이제는 생활비 때문에 자식들에게 손을 벌리지 않아도 되니 홀가분하다. 연금으로 생활하고 남은 돈으로 저축까지 할 수 있어 삶에 여유가 생겼다.

2010년 통계청 조사에 따르면, 우리나라 노인들이 겪는 가장 어려운 문제로 경제적 어려움과 건강이 꼽혔다.

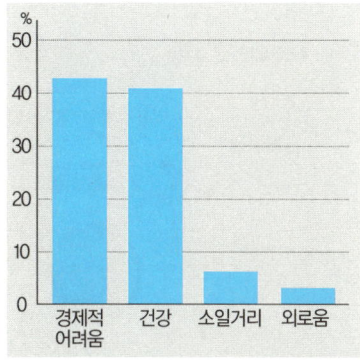

▼ 노인들이 겪는 가장 어려운 문제

출처: 통계청(2010 고령자 통계)

노인들은 수입이 없기 때문에 가진 재산으로 생활비를 해결해야 한다. 그런데 우리나라 노인들의 문제는 재산은 있어도 현금이 없다는 점이다. 2013년 통계청 조사에 따르면, 나이가 들수록 부동산 보유 비중이 늘어나 60대 이상의 가구는 자산의 79%가 부동산이다.

 강남 부자 vs 부동산 거지

시가 8억원짜리 강남 아파트에 사는 김 노인(70세)은 오늘도 울적하다. 몇 달 전 아들놈이 명예퇴직을 당한 이후로 생활비 지원을 받지 못해서다. 친구들 사이에서는 강남 부자로 통하는 김 노인이건만, 자칫 사는 집마저 내놔야 하는 건 아닌가 걱정이 이만저만이 아니다.

김 노인의 고민을 해결해 줄 수 있는 상품이 있다. 바로 주택연금이다. 자기 집에 살면서 생활비 지원까지 받을 수 있는 일거양득의 상품이다. 주택연금은 노후를 위한 최고의 상품이라고 필자는 확신한다.

주택연금, 왜 주목해야 하나?

▼ 주택연금 신청 과정

주택연금은 만 60세 이상의 고령자가 소유 주택을 은행에 담보로 맡기고 평생 혹은 일정 기간 동안 매월 연금 방식으로 노후생활 자금을 지급받는 국가가 보증하는 상품이다. '역모기지론'이라고도 한다.

한국주택금융공사에 이용자가 보증 신청을 하면, 연금 가입자를 위해 은행에 보증서를 발급하고, 은행

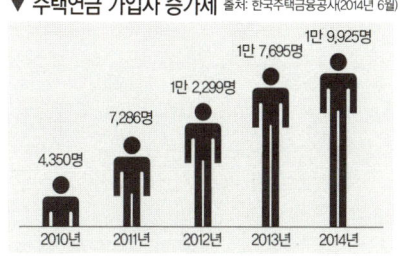
▼ 주택연금 가입자 증가세 출처: 한국주택금융공사(2014년 6월)

은 공사의 보증서에 의해 가입자에게 주택연금을 지급하는 구조이다.

한국주택금융공사가 2007년 7월 주택연금을 출시한 지 7년이 되는 지금, 가입자는 약 2만 명에 이른다. 가입자는 출시 5년 만인 2012년 8월 1만 명을 돌파한 후 2년이 되지 않아 2만 명에 근접하고 있다. 연도별 가입자도 2010년 2,016명, 2011년 2,936명, 2012년 5,013명, 2013년 5,296명으로 빠르게 늘고 있는 추세이다.

노후에는 무조건 주택연금이다

주택연금은 많은 장점을 가진 상품으로 의지할 곳 없는 노후의 마지막 보루이다.

첫째, 주거와 생활비 문제가 동시에 해결된다. 집은 자산가치만 있을 뿐이다. 하지만 주택연금에 가입한 집은 자산가치에 현금흐름이 더해진다. 사는 집에서 월급처럼 현금이 나오는 것이다.

둘째, 죽을 때까지 지급이 보장된다. 주택연금에 가입한 집의 시세가 떨어져도 가입 시 정한 연금을 죽을 때까지 보장받는다. 부동산 가격 하락 리스크와 장수 리스크에서 자유로워진다.

셋째, 정부기관인 한국주택금융공사가 지급을 보증한다. 연금은

매월 은행을 통해서 받지만 최종 보증기관은 한국주택금융공사이다.

넷째, 총 연금 지급액(대출잔액)이 주택가격을 초과해도 초과액을 청구하지 않는다. 가입자가 사망하여 대출금을 상환할 때, 상환액은 담보주택 처분가격 범위 내로 한정된다.

다섯째, 대출금 상환 후 남는 돈이 있으면 상속자가 가져간다.

여섯째, 대출금리가 저렴하다.

일곱째, 주택가격이 상승하면 해지 후 시세차익을 챙길 수도 있다.

여덟째, 자식이 부모의 집을 담보로 손을 내밀기가 어렵다. 이미 주택연금 가입으로 담보가 잡혀 있어 추가 담보 설정이 불가능하기 때문이다.

주택연금은 가입절차가 약간 복잡하고 번거롭다. 하지만 노후의 경제적 안정을 얻을 수만 있다면 그 정도는 충분히 감수할 수 있다.

가입 가능 연령, 주택 보유수, 대상 주택, 적용금리

주택 소유자 또는 배우자가 만 60세 이상이면 가입할 수 있다. 부부 기준 1주택만을 소유할 때 가입할 수 있으며, 상속, 이사 등으로 인한 2주택 보유자는 3년 내 처분 조건으로 가입할 수 있다. 시가 9억원 이하의 주택 및 지방자치단체에 신고된 노인복지주택만 가입할 수 있다. 주택연금의 적용금리는 '3개월 CD 금리+가산금리이다. 이자는 매월 연금 지급 총액(대출잔액)에 가산되고 있기 때문에 가입자가 직접 현금으로 납부할 필요가 없다.

가입비 및 연 보증료, 보증기한

주택연금의 가입비(초기 보증료)는 주택가격의 1.5%를 최초 연금 지급일에 납부해야 하며, 연 보증료는 보증잔액의 연 0.75%를 매월 납부해야 한다. 보증기한은 소유자 및 배우자 사망 시까지(종신)이다.

부부 모두 사망하거나 화재 · 재건축 · 재개발 등으로 인해 주택 소유권이 상실되었을 때, 또 1년 이상 담보주택에서 거주하지 않는 경우에는 주택연금 지급이 정지될 수 있다.

연금 지급방식, 월 지급금 예시

주택연금에 가입할 때 종신 방식은 월 지급금을 종신토록 받는 방식이고, 확정기간 방식은 고객이 선택한 일정 기간 동안만 월 지급금을 받는 방식이다. 월 지급금은 나이가 많을수록, 담보가격이 클수록 증가한다.

▼ 주택연금의 월 지급금 예시   기준: 2014년 1월

연령 \ 주택가격	2억원	3억원	6억원
60세	456,000원	685,000원	1,370,000원
65세	548,000원	822,000원	1,645,000원
70세	666,000원	999,000원	1,998,000원

가입자가 사망하면 대출금은 주택 처분 가격으로 일시 상환하면 된다. 대출금 상환액은 담보주택의 처분가격 범위 내로 한정되어 부담이 없다. 설령 연금 지급액이 주택가격을 초과하더라도 그 초과액을 상환할 필요가 없다.

▼ 주택연금의 대출금 상환

	상환 금액	비고
주택가격 < 대출잔액	주택가격	부족 금액은 가입자(상속인)에게 청구하지 않는다.
주택가격 > 대출잔액	대출잔액	남는 금액은 가입자(상속인)가 가져간다.

주택연금 가입자, 왜 적을까?

주택연금은 장점이 많은 상품인데 아직 가입자는 기대에 미치지 못하고 있다. 미래에셋 은퇴연구소가 발간한 「주택연금을 바라보는 새로운 시각」 보고서에 따르면, 조사 대상인 60대 은퇴자 1,002명 중 주택연금 가입자는 1%에 불과했고, 가입 의향이 있는 사람도 11.4%에 그쳤다. 왜 이 정도밖에 안 될까?

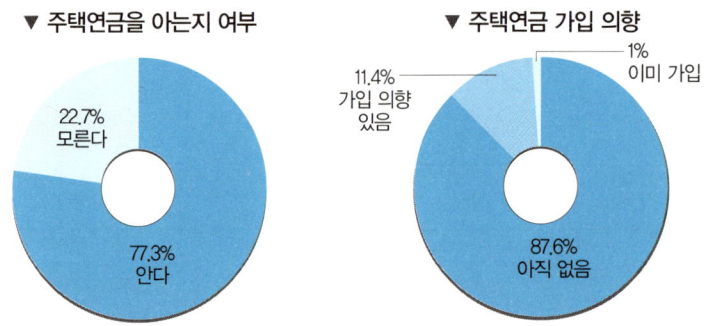

▼ 주택연금을 아는지 여부   ▼ 주택연금 가입 의향

P씨는 최근 친형과 언쟁을 벌였다. 홀로 지내는 어머니의 주택연금 가입 문제가 그 이유였다. 동생의 가입 제안에 장남인 형이 강하게 반대했기 때문이다. P씨의 입장에서는 형이 도무지 이해가 되지 않았다. 형은 형편이 어렵다며 어머니에게 몇 년째 돈 한푼 내놓지 않고 있으면서 어머니 집의 주택연금 가입을 한사코 반대하고 있는 것이다.

한국주택금융공사는 2007년부터 2013년 11월까지 약 7년간 주택연금에 가입했다가 철회한 2,608명의 철회 사유를 분석한 결과를 공개했다. 철회 사유는 '가족 반대'가 1,167건(44.7%)으로 가장 많았고, '특별한 이유 없음'이 479건

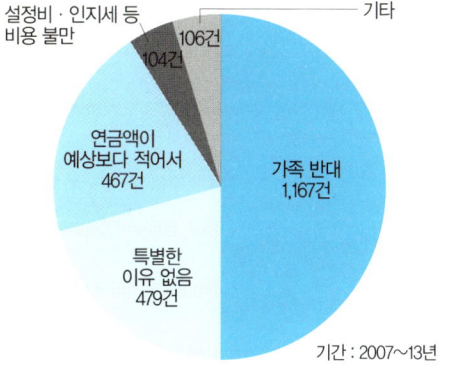

▼ 주택연금 가입 신청 후 철회 이유 출처: 한국주택금융공사

- 가족 반대 1,167건
- 특별한 이유 없음 479건
- 연금액이 예상보다 적어서 467건
- 설정비·인지세 등 비용 불만 104건
- 기타 106건

기간: 2007~13년

(18.3%), '연금액이 예상보다 적어서'가 467건(17.9%) 순이었다.

한국주택금융공사 관계자는 "특별한 이유 없이 연금 가입을 취소하는 것도 대부분 가족의 반대 때문인 것으로 파악된다"며, "부모의 집을 유산으로 물려받으려는 목적으로 자녀들이 주택연금 가입에 반대하는 경우가 많아 노후생활의 가장 큰 장애물로 나타났다"고 말했다.

주택연금은 당사자 못지않게 자식들의 암묵적 동의가 필요한 상품이다. 부모 사망 시 주택은 자식들 몫이라는 고정관념이 아직 남아 있다. 하지만 이제 노후를 온전히 보내고 집을 자식에게 물려줄 정도로 경제적 여유가 있는 부모는 소수에 불과하다. 따라서 필요하다면 집을 활용해서라도 노후의 경제적 문제를 해결할 수 있도록 자식들이 부모님의 주택연금 가입을 적극적으로 주선할 때가 되었다고 생각한다.

4장

베이비붐 세대의 자산관리

...

안타깝게도

자신의 재산을

정말로 보전해야 할 사람은

많은 재산을 가진 사람이 아니라

적은 재산을 가지고 있는 사람들이다.

- 제럴드 로브, 「목숨을 걸고 투자하라」

01 자산관리, 어떤 순서로 할까?

2014년 미국의 USA투데이는 미국노인협회와 함께 60세 이상 노인 1,000명을 대상으로 '노후대책을 세울 때 미리 준비하지 못해 후회하는 항목'을 순서대로 고르는 설문조사를 실시했다.

응답자의 절반에 육박하는 45%가 '더 많은 돈을 모았어야 했다'는 항목을 1순위로 꼽았다. '건강을 위해 더 나은 치료를 받았어야 했다'는 36%로 그 뒤를 이었고, '더 나은 투자'는 31%였다. 5가지 항목 중 '가족과 더 친밀하게 지냈어야 했다'는 항목은 21%에 그쳤다.

우리나라 노인에게도 돈이 가장 큰 고민거리일 것이다. 이 문제를 해결하기 위해서는 돈을 벌고 저축하고 투자하는 일련의 과정, 즉 자산관리에 대한 이해가 선행되어야 하다.

자산관리는 계획(Plan), 실행(Do), 평가(See) 등의 3단계 활동이 긴밀하게 연결되어 있는 의사결정 체계이다. 베이비붐 세대가 자산을 효율적으로 관리하기 위해서는 다음의 자산관리 과정을 거쳐야 한다.

투자목적을 세운다

여생에 필요한 자금을 마련하는 것이 투자목적이다. 자산을 증식할 수만 있다면 더할 나위 없이 좋겠지만, 그것이 여의치 않다면 최소한 현상유지는 하는 것이 투자목적이 된다.

연령대의 특성을 파악한다

첫째, 수입보다 지출이 많아지는 시기이다.
이미 은퇴를 했거나 은퇴를 앞두고 있는 베이비붐 세대는 점차 수입보다 지출이 많아져 조만간 수입이 완전히 없어지게 된다. 급여, 사업소득과 같은 수입을 대체할 수단이 필요해지는 시기이다.

둘째, 투자위험을 줄여야 한다.
베이비붐 세대는 투자할 수 있는 기간이 길지 않다. 한 번 손실을 보면 만회할 시간이 부족하기 때문에 위험자산에 대한 투자를 줄여야 한다. 그렇다고 위험자산을 모두 매각하고 안전자산만 가지고 가기에는 여생이 길기에 가진 자산이 부족하다.

셋째, 부동산 비중이 높다.
2013년 통계청 조사에 따르면, 50대는 자산 중 68.6%를 부동산으로 가지고 있다. 부동산 비중을 낮추거나 부동산을 활용하여 현금이 나올 수 있는 방법을 찾아야 한다.

▼ 연령별 부동산 보유 현황　　　　출처: 통계청, 「2013년 가계금융·복지조사 결과」

	부동산 자산	총 자산	부동산 비중
30세 미만	2,756만원	8,479만원	32.5%
30~39세	1억 2,356만원	2억 3,028만원	53.6%
40~49세	2억 923만원	3억 3,115만원	63.1%
50~59세	2억 9,167만원	4억 2,479만원	68.6%
60세 이상	2억 5,774만원	3억 2,587만원	79.1%

시장에 대한 장기전망을 한다

시장에 대한 장기전망은 최상의 자산관리 전략을 세우기 위해 경제·정치·사회·산업·기업 등을 분석하여 자본시장을 예측하는 것을 말한다. 하지만 베이비붐 세대의 개개인이 이런 능력까지 갖추기는 어려우므로 이 부분은 전문가 집단에 맡기는 것이 좋다.

자산을 효과적으로 배분한다

자산을 효과적으로 투자, 즉 자산배분을 해야 한다. 이 부분은 235쪽의 '03. 베이비붐 세대의 투자전략—바벨 전략'을 참고하기 바란다.

투자 평가 및 피드백을 한다

자산배분이 투자목적과 특성에 맞는지, 리스크 관리가 잘 되고 있는지, 수익률이 최소한 은행 금리를 넘고 있는지를 정기적으로 평가해야 한다. 너무 자주 할 필요는 없지만, 적어도 분기에 한 번은 하는 것이 바람직하다. 평가표는 간단하게 만드는 것이 좋다. 그래야 기록하기 쉽고 자주 활용하게 된다.

...
결국

우리는 미래를

정확히 예측할 수 없기 때문에

광범위한 분산투자를

해야 하는 것이다.

— 보도 섀퍼, 『보도 섀퍼의 부자 전략』

02 자산을 어떻게 배분할까?

자산배분이란 다양한 자산을 대상으로 시장상황과 투자위험을 고려하여 투자자금을 배분하는 일련의 투자과정을 말한다. 주식시장이 좋아질 것으로 예상되면 주식 비중을 높이는 대신에 채권과 부동산 비중을 낮추고, 부동산 시장이 좋아질 것 같으면 반대의 포지션을 가져가는 식이다.

자산배분, 왜 필요한가?

어떤 자산에 투자하는 것이 최상의 수익률을 올릴지 모르기 때문에 여러 대상에 배분하여 투자해야 한다. 경제상황과 투자시장을 정확히 예측할 수 있다면, 가장 수익률이 높을 상품에 올인하는 것이 최고의 투자일 것이다. 하지만 신이 아니고서야 그것을 알 수 없다.

또한 모든 자산이 동시에 좋을 수도 없다. 아름다운 정원에 있는 모든 꽃들이 사시사철 피어 있는 것은 아니다. 개개의 꽃들이 피었다지기를 반복하지만 정원의 아름다움은 일 년 내내 계속된다. 정원에 단 한 가지가 아닌 여러 꽃들이 있어 가능한 일이다.

가장 좋은 자산이 무엇인지 알기 어렵다면, 차선으로 여러 자산에 분산투자를 하여 아름다운 전체를 만드는 게 현명한 선택이 아닐까?

자산배분의 대상을 살펴보자

전통적 분류에 따른 자산배분 대상에는 주식 · 채권 · 현금 · 부동산 등이 있다. 이들을 다시 세분하면, 주식은 시가총액에 따라 대형주 · 중형주 · 소형주로, 가치나 성장성에 따라 가치주와 성장주로 구분된다. 채권은 발행 주체에 따라 국채 · 지방채 · 특수채 · 회사채 · 금융채로, 신용등급에 따라 투자 적격 채권, 투자 부적격 채권으로, 잔존기간에 따라 장기채 · 중기채 · 단기채로 구분된다.

위험 정도에 따라 자산을 구분하면, 고위험 자산, 중위험 자산, 저위험 자산으로 분류된다. 고위험 자산에는 주식 · 선물 · 옵션 등이, 중위험 자산에는 롱/숏 펀드, 유전펀드, 선박펀드 같은 대체투자 상품이, 저위험 자산에는 국채, 우량기업 회사채, 예금 등이 포함된다.

투자대상은 다양할수록 좋다. 대상이 많을수록 효과적인 조합을 만들 확률이 높기 때문이다. 투자대상 간에 서로 배타적이어서 겹치는 부분이 없어야 좋다. 겹치게 되면 자산배분의 효율성이 떨어지기 때문이다. 투자대상의 규모는 유동성에 문제가 발생하지 않을 정도로 충분히 커야 좋다.

투자 3분법, 괜찮은 자산배분 전략일까?

투자 3분법이란 보유 자산을 3가지로 나누어 대표적인 투자자산인 예금, 주식, 부동산에 고르게 넣는 투자법이다.

좋은 투자를 하려면 투자의 3원칙인 수익성, 안정성, 유동성을 먼저 고려해야 한다. 그런데 문제는 이 3가지를 모두 갖춘 투자상품은 없다는 것이다. 예금은 안정성과 유동성은 우수하지만 수익성이 떨어진다. 주식은 수익성과 유동성은 우수하지만 안정성이 떨어진다. 부동산은 수익성과 안정성은 뛰어나지만 유동성이 떨어진다. 그래서 서로 보완되고, 때로는 상충되는 예금, 주식, 부동산에 고르게 분배하는 투자 3분법이 나왔다. 훌륭한 축구팀을 만들려면 공격수는 물론이고, 수비수, 미드필드와 골키퍼까지 갖추어야 하는 것과 같다.

'100−나이 법칙', 효과적인 자산배분 전략일까?

'100−나이 법칙'이란 100에서 자신의 나이를 뺀 비율만큼 위험자산에 투입하고, 나머지는 안전자산에 배분하라는 법칙이다. 나이가 40세라면 100에서 40을 뺀 60%를 위험자산에, 나머지 40%는 안전자산에 배분하는 식이다. 50세라면 위험자산에 50%를, 안전자산에 50%를 투자하면 된다.

자산을 '100−나이 법칙'대로 배분하면 나이가 젊을수록 위험자산의 비중이 높아진다. 이는 젊을수록 오랫동안 투자할 수 있어 기간에 따른 가격변동 위험을 피할 수 있기 때문이다.

새로운 자산배분법, '바벨 전략'을 제안한다

바벨 전략이란 중위험 상품을 배제하고, 매우 안전하거나 대단히 위험한 극과 극의 상품만으로 자산을 배분하는 전략을 말한다. 투자구조를 그려보면, 바벨과 유사하다는 데에서 유래되었다. 자산의 85~90%는 안전한 상품에, 10~15%는 가장 위험한 상품에 투자하는 식이다. 그렇게 하면 예상치 못한 재앙이 찾아와도 자산의 최대 15% 이상은 잃지 않는다.[239]

사례 자산배분의 예―국민연금의 중기 자산배분안

국민연금은 앞으로 5년 동안(2015~19년)의 경제성장률과 물가상승률

▼ 자산배분의 예―국민연금의 중기 자산배분안   출처: 보건복지부

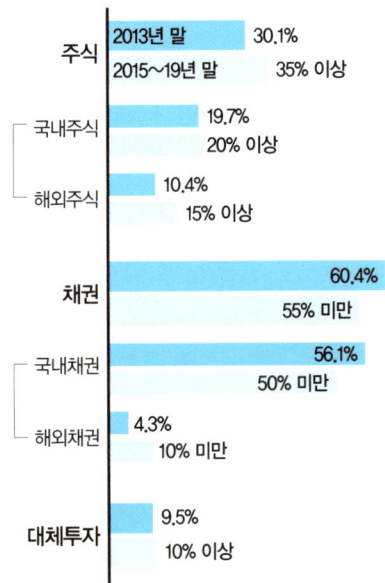

	2013년 말	2015~19년 말
주식	30.1%	35% 이상
국내주식	19.7%	20% 이상
해외주식	10.4%	15% 이상
채권	60.4%	55% 미만
국내채권	56.1%	50% 미만
해외채권	4.3%	10% 미만
대체투자	9.5%	10% 이상

등을 고려해 2019년까지 목표 수익률을 연평균 5.8%로 제시했다. 이를 위해 2013년 말 30.1%이던 국내외 주식 비중을 35% 이상으로 높이기로 했다. 특히 해외주식 비중이 10.4%에서 15% 이상으로 늘어난다.

반면 전체 채권의 비중은 60.4%에서 55% 미만으로 줄어든다. 이 중 국내채권의 비중은 56.1%에서 50% 미만으로 줄어들고, 해외채권의 비중은 4.3%에서 10% 이상으로 확대된다. 국민연금 운용위원회는 대체투자 확대 기조에 맞추어 부동산, 인프라 등 대체투자의 비중은 10% 이상으로 늘릴 계획이다. 외화 단기자금은 환헤지(환율 변동에 따른 환차손을 막기 위해 현재 수준의 환율로 고정시켜 두는 것)를 하지 않는 것이 원칙이며, 외환시장에 미치는 영향을 최소화하기 위해 분기별 일 평잔이 3억 달러 이내로 결정되었다.

●●●●

투자자가 스스로 물어야 하는 가장 중요한 질문은, '증권의 가치가 변함에 따라 가족의 현재와 미래 생활수준이 얼마나 영향을 받느냐?' 하는 것이다. 바로 여기서 위험 감수 능력에 대한 측정이 시작되어야 한다. 원금이 크게 줄면 가족의 일상생활이 큰 충격을 받는 경우, 그리고 상당한 자본차익이 발생해도 생활방식에 거의 영향이 없는 경우라면 주식에 많이 투자할 이유가 없다. 반면 손실을 입어도 큰 영향이 없지만, 큰 수익이 발생했을 때 현재 및 미래 생활이 개선되는 경우라면 우리는 공격적 투자계획을 지지한다.

―피터 번스타인, 「월스트리트로 간 경제학자」

당신이

황금알을 낳는 거위나

돈 버는 기계를

가지고 있지 않으면

당신 스스로

돈 버는 기계가 되는 수밖에 없다.

― 보도 섀퍼, 「보도 섀퍼의 돈」

03 베이비붐 세대의 투자전략
— 바벨 전략

베이비붐 세대가 보유 자산을 운용할 투자전략으로 '바벨 전략'을 제안한다. 이 전략은 2008년 글로벌 금융위기를 겪으며 월스트리트의 현자로 급부상한 나심 니콜라스 탈레브 교수가 자신의 저서인 『블랙스완』에서 제안한 전략이다. 바벨 전략을 설명하기에 앞서 생소한 '블랙스완'의 개념부터 알아보자.

블랙스완의 출현

백조(白鳥)는 원래 희다. 하지만 18세기 호주에서 한 탐험가에 의해 검은 백조가 발견되면서 이 통념은 산산이 부서진다. 그때부터 블랙스완(Black Swan)은 '예측하지 못한 극단적 상황의 출현으로 극심한 충격을 받는 현상'을 가리킬 때 사용되곤 한다. 특히 나심 탈레브는 2007년 출간한 『블랙스완』에서 이 개념을 사용하여 금융위기를 예상했는데, 실제로 그 이듬해인 2008년에 전 세계에 글로벌 금융위기가 발생하면서 유명해졌다.

극단적 상황이란 어떤 경우를 말하는가? 나심 탈레브가 비유를 든 '어느 칠면조의 슬픈 이야기'를 보자.

> 어느 농가에 칠면조 한 마리가 있었다. 주인이 하루도 빠짐없이 먹이를 가져다주었다. 100일, 200일, 500일, 1,000일이 지나갔다. 칠면조는 무럭무럭 자랐고 또한 행복했다. 그런데 추수감사절을 앞둔 어느 수요일 오후, 칠면조에게 예측하지 못한 극단적 상황이 닥쳤다. 주인이 칠면조의 목을 움켜쥔 것이다.

지극히 평화로웠던 지난 1,000일은 1,001일째 일어날 일에 대해 아무것도 알려주지 않는다. 이는 과거가 미래 예측에 아무린 도움을 주지 않는다는 교훈을 준다. 그리고 칠면조에게 1,001일째 사건은 조금 다치는 정도가 아니라 바로 '죽음'이었다. 돌이킬 수 없는 극단적 상황이 찾아온 것이다. 이런 극단적 상황이 현실 세계에서는 IMF 사태, 9.11 테러 사건, 글로벌 금융위기 등으로 나타난다.
나심 탈레브는 이런 상황을 237쪽의 그래프처럼 표현했다.

한편 블랙스완은 다음의 3가지 속성을 가지고 있다.
첫째, 과거의 경험으로는 블랙스완을 예측할 수 없다.
둘째, 일단 블랙스완이 오면 극심한 충격을 준다.
셋째, 모든 게 끝난 후에야 그 사건이 불가피했음을 알게 된다.

▼ 추수감사절을 전후해 칠면조가 겪는 역사

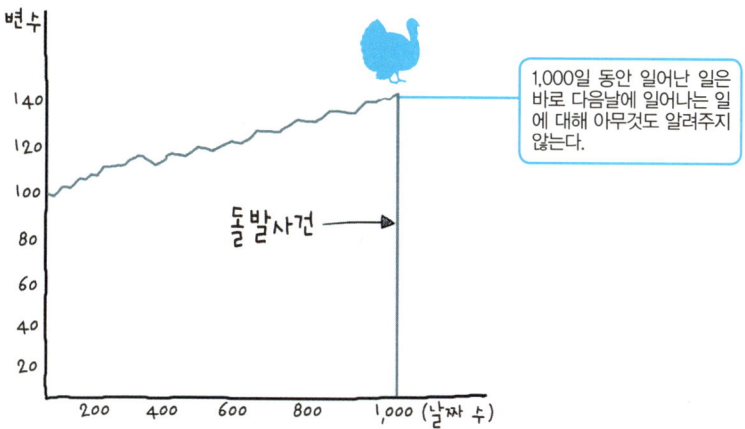

1,000일 동안 일어난 일은 바로 다음날에 일어나는 일에 대해 아무것도 알려주지 않는다.

우리는 과거의 경험으로 미래를 예측할 수 없기 때문에 예고 없이 찾아오는 블랙스완을 막을 수가 없다. 다만 블랙스완을 막지는 못해도 피할 수 있는 방법은 있다. 그것이 나심 탈레브가 제안하는 '바벨 전략'이다.

나심 탈레브의 바벨 전략

나심 탈레브는 블랙스완이 언제 찾아올지 모르는 금융시장에서 살아남기 위해서는 '무위험 자산과 위험 자산을 동시에 투자하는 바벨 전략'을 권한다.

바벨 전략이란 중위험 상품을 배제하고, 매우 안전하거나 대단히 위험한 극과 극의 상품만으로 자산을 배분하는 전략을 뜻한다. 투자구조를 그려보면 근력운동

기구인 바벨과 유사하다는 것에서 유래되었다.

그는 자산의 85~90%는 안전한 상품에, 10~15%는 가장 위험한 상품에 투자하라고 한다. 그렇게 하면 블랙스완이 찾아오는 최악의 상황에도 최소한 자산의 15% 이상은 잃지 않는다는 것이다. 또한 15%의 손실은 몇 년 안에 만회할 수 있는 수준의 손실이다.

'중위험/중수익' 상품에 올인이 가장 위험하다

나심 탈레브는 모든 자산을 '중위험/중수익' 상품에 투자하는 것이 가장 위험한 투자전략이라고 주장한다. 고위험을 피하기 위해 중위험을 선택한 결정이 오히려 고위험을 불러올 수 있다는 것이다.

예를 한 가지 들어보자. 금융기관이 내세우는 대표적인 중위험/중수익 상품으로 원금 비보장형 ELS가 있다. 원래 이 상품은 약간의 위험을 부담하는 대신에 은행 예금보다 다소 높은 수익을 얻으려는 투자자를 위해 고안된 상품이다.

그런데 원금 비보장형 ELS는 블랙스완이 오면 예기치 못한 큰 폭의 손실이 발생하게 된다. 원금의 50%가 사라지기도 하고, 더 심한 경우에는 원금의 99%가 사라진 사례도 있다.

2011년 설정된 대신증권 1407회 ELS는 3년 만기를 맞아 투자자에게 원금의 0.6%만 돌려주었다. 이 상품은 STX조선해양을 기초자산으로 했는데, 이 회사가 상장폐지가 되면서 벌어진 일이다. 애초의 기대수익률 20%는 고사하고, 원금의 대부분을 잃게 된 것이다. 원금 비보장형 ELS는 더 이상 중위험/중수익 상품이 아닌 것이다.

바벨 전략의 구조를 살펴보자

나심 탈레브의 바벨 전략은 원금 보장형 ELS의 상품구조와 많이 닮았다. 투자자 A씨가 B 증권사에서 모집하는 원금 보장형 ELS(2년 만기)에 1억원을 가입했다고 치자. B 증권사는 1억원 중 9,500만원으로 이자가 연 250만원이 발생하는 국공채를 사고, 나머지 500만원으로 레버리지가 높은 파생상품에 투자한다. 2년 후 A씨의 투자결과는 어떻게 될까?

사례 1 파생상품 투자금 500만원이 1,000만원이 된 경우

B 증권사가 파생상품 투자에 성공해 500만원이 1,000만원으로 늘어나면, A씨가 손에 쥐는 돈은 국공채 매입금 9,500만원에 이자 500만원, 그리고 파생상품 투자원금과 수익금의 합계인 1,000만원을 더한 1억 1,000만원이 된다. 이 경우에 투자수익률은 연 5%이다.

투자수익률=9,500만원+500만원(250만원×2년)+1,000만원=1억 1,000만원
　　　　　국공채 매입금　국공채 이자　　　　　　파생상품 투자원금 및 수익금

사례 2 파생상품 투자금 500만원을 모두 잃은 경우

B 증권사가 파생상품에 투자한 500만원을 모두 잃는다고 해도, 국공채 매입금 9,500만원과 이자 500만원은 남아 투자원금 1억원을 손에 쥘 수 있다.

투자수익률=9,500만원+500만원(250만원×2년)=1억원　— 파생상품 투자는 실패했지만, 원금 1억원은 지켰다.
　　　　　국공채 매입금　국공채 이자

바벨 전략은 특히 베이비붐 세대에게 적합한 투자전략이다. 이미 은퇴했거나 은퇴를 앞둔 베이비붐 세대에게는 단 한 번의 투자실패도 용납이 안 된다. 실패를 만회할 시간과 기회가 없기 때문이다. 투자를 해야 한다면 최소한 원금을 지킬 수 있는 투자를 해야 한다. 따라서 필자는 베이비붐 세대에게 바벨 전략을 적극 권유한다. 이왕이면 금융자산에만 국한하지 말고, 보유 자산 전부에 이 투자전략을 사용하기를 권한다.

바벨 전략, 자산배분에 이렇게 적용해 보자

금융자산이 2억원이라면

보유 금융자산이 2억원이라면, 90%인 1억 8,000만원을 '무위험/저수익' 또는 '저위험/중수익 상품'에 넣고, 나머지 2,000만원으로 '고위험/고수익 상품'에 투자하자. 만약에 2,000만원을 모두 잃는다 해도 3년 정도면, 다시 원금 2억원을 회복할 수 있을 것이다.

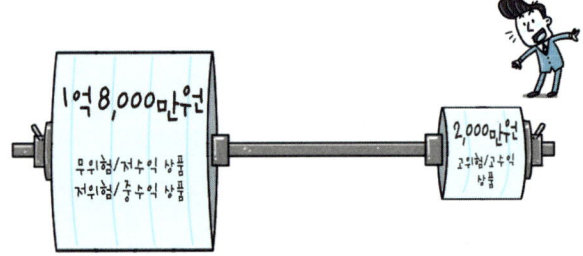

대표적인 '무위험/저수익' 상품으로는 은행 및 저축은행의 정기예금(단, 원리금 합계 5,000만원 이하)이 있다. '저위험/중수익' 상품으로는 공모주, 실권주 외에도 이 책에서 소개한 여러 상품이 있다.

▼ 위험과 수익성에 따른 금융상품 분류

무위험/저수익	저위험/중수익	중위험/중수익	고위험/고수익
• 은행 예금 • 우량 회사채	• 공모주 및 실권주 청약 • 우량기업 전환사채	• 주가지수형 ELS • 롱/숏 펀드 • 채권형 펀드 • 메자닌 펀드	• 주식 • 주식형 펀드 • 종목형 ELS

전체 자산에도 바벨 전략을 적용해 보자

바벨 전략의 대상을 전체 자산으로 확대해 보자. 이때 살고 있는 집의 포함 여부에 따라 다른 결과치가 나온다.

살고 있는 집을 포함한 모든 자산의 합계가 7억원이라고 하자. 집을 포함한다면 7억원의 10%인 7,000만원은 고위험 상품에, 나머지 6억 3,000만원은 안정적 상품에 투자하면 된다. 그런데 7억원에서 집값(4억원)을 제외한다면, 나머지 3억원의 10%인 3,000만원이 고위험 상품에 투자할 수 있는 자산이 된다.

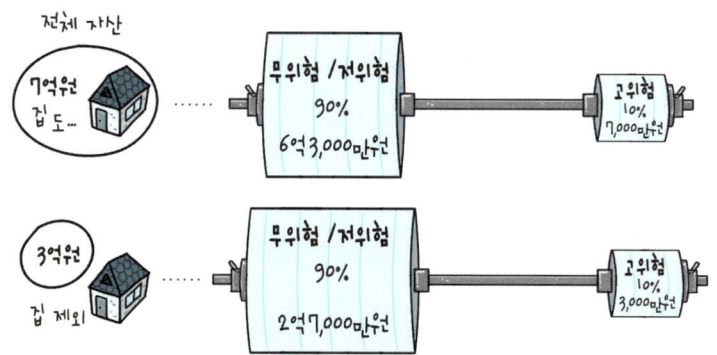

집을 제외하면 좀 더 안정적인 투자가 된다. 집은 지켜야 할 최후의 보루이므로 바벨 투자전략의 대상 자산에서 빼고 계산하는 것이 좋다.

바벨 전략을 쓰면 위험자산에도 화끈하게 투자할 수 있다

바벨 전략을 채택하면 위험자산에 화끈하게 투자할 수 있다. 안전자산에 85~90%의 자산을 배분하여 방어를 튼튼히 한 만큼, 나머지 자산은 매우 공격적으로 운용해도 된다는 말이다.

고위험/중위험/저위험 자산에 고르게 투자를 할 경우에는 안전자산의 비중이 1/3밖에 안 되고, 중위험 자산에서 유사시에 문제가 생길 수도 있다. 그래서 고위험 자산에 마음껏 공격적으로 투자하기가 어렵다.

하지만 바벨 전략을 채택하면, 위험자산군에 주식, 펀드뿐만 아니라 이보다 더 공격적인 선물·옵션, 장외주식 같은 초고위험 상품 투자도 시도해 볼 수 있다.

물론 생각처럼 쉽지는 않다. 개인투자자가 선물·옵션처럼 급변하고 레버리지가 큰 상품(빚을 지렛대로 투자수익률을 극대화하는 전략)을 건드리기는 쉽지 않고, 기업분석이 전제되어야 하는 장외주식 투자를 하기도 만만치 않다. 하지만 가능성을 열어놓고 시도해 볼 수 있어 좋다.

바벨 전략과 '100-나이 법칙'

앞에서 '100-나이 법칙'에 대해 이미 알아보았다. 자산배분을 할 때, 100에서 자신의 나이를 뺀 비율만큼 위험자산에 투자하고, 나머지는 안전자산에 투자하라는 것이다. 노후에는 만회할 시간적 여유가 없기 때문에 안전자산의 비중이 높아야 하지만, 젊을 때는 위험자산에 공격적으로 투자해도 된다는 이론이다.

▼ 연령별 안전자산과 위험자산의 투자 비중

	안전자산 비중	위험자산 비중
20대	20%	80%
30대	30%	70%
40대	40%	60%
50대	50%	50%
60대	60%	40%

'100-나이 법칙'에 따른 자산배분, 과연 괜찮은 전략일까?

'100-나이 법칙'에 따르면, 현재 50대인 베이비붐 세대의 위험자산 투자 비중은 50%가 된다. 은퇴한 A씨가 퇴직금 1억원 중 5,000만원을 연 금리 3%의 정기예금에 넣었다면, 나머지 5,000만원을 주가지수 선물에 투자할 수 있다는 것이다. 그런데 불운하게도 금융위기가 찾아와서 선물에 투자한 5,000만원을 모두 잃는다면, A씨에게는 예금 5,000만원만 남게 된다.

A씨의 예금 5,000만원이 다시 1억원이 되려면 현재 금리로 무려 24년이 걸린다. 운 좋게 연 10% 수익이 나는 투자상품에 가입한다고 해도 7년이 걸린다. 단, 그동안 한 번도 손실이 나는 해가 없어야 하고, 한 해라도 손실이 나는 경우에는 훨씬 더 긴 시간이 필요하다.

자산배분에서 '100-나이 법칙'은 지나치게 공격적이고, 현실과도 동떨어져 베이비붐 세대에게는 맞지 않는 법칙이다.

2013년 통계청의 자료에 따르면, 우리나라 가계의 금융자산 비중은 26%로 매우 낮다. 뿐만 아니라 금융자산 투자 시 선호하는 운용방법 중 투자형 상품의 비중은 4.8%에 불과하다.

전체 자산이 1억원이라면, 금융자산에 2,600만원을 넣고 있고, 2,600만원의 4.8%인 124만원, 즉 전체 자산의 1.2%만을 투자형 금융상품에 가입할 의향이 있다는 말이다.

▼ 금융자산 투자 시 선호하는 운용방법   출처: 통계청, 「2013 가계금융·복지조사 결과」

구분	은행예금	저축은행예금	비은행금융기관예금	개인연금	주식 (직접투자)	수익증권 (간접투자)	계 (契)	기타
2012년	71.8%	6.1%	12.0%	1.7%	3.1%	2.9%	0.3%	2.3%
2013년	70.3%	8.5%	11.8%	1.8%	2.3%	2.5%	0.3%	2.5%

물론 전체 가계의 평균치이기 때문에 투자형 금융상품에 대한 선호도가 매우 낮기는 하다. 하지만 실제 투자 여력이 있는 계층을 대상으로 조사한다면, 투자형 금융상품의 선호도가 이보다는 많이 올라갈 것으로 예상된다. 그래도 '100-나이 법칙'의 수치와는 갭이 여전히 클 것이다.

필자의 생각에 '100-나이 법칙'은 금융기관들이 투자상품을 좀 더 많이 판매하기 위해 활용하는 수단에 불과하다. 금융기관의 마케팅에 필요한 투자전략이라는 것이다. 베이비붐 세대에게는 바벨전략이 훨씬 적합한 투자전략이라고 생각한다.

만약 1억원이 있다면

지금 1억원이 있다면, 필자는 바벨 전략에 따라 안전자산인 공모주 청약에 9,000만원을, 위험자산인 주식형 펀드에 1,000만원을 배분할 것이다. 청약 계좌는 배우자 명의의 계좌까지 두 개를 만들고, 주식형 펀드는 국내형과 해외형으로 분산할 것이다. 특히 해외형 펀드는 연금저축펀드를 활용할 것이다. ^{이유는 247쪽}

▼ 1억원이 있다면―필자가 제안하는 바벨 전략에 따른 배분

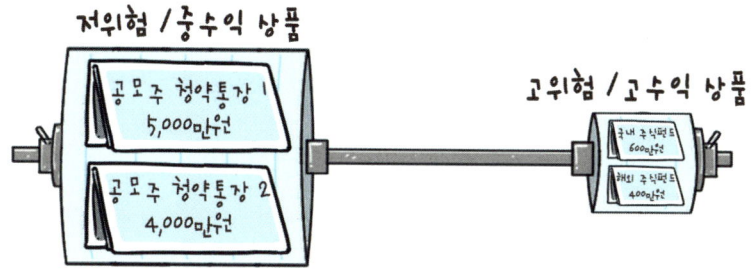

● ● ● ●

대부분의 경우 성공적인 투자전략의 궁극적인 목적은 노후에 빈궁해지는 것을 막는 것이다. 밤에 편히 잠자리에 들 수 있도록 포트폴리오의 수익률을 확보하는 것이다. 달리 말하면 좀 따분해지는 것이다. 그래도 여전히 투자에서 뭔가 자극을 얻고 싶다거나 친구들에게 투자 이야기를 하면서 흥분을 느끼고 싶다면, 포트폴리오 중 아주 작은 금액을 떼내 순전히 '짜릿한' 투자 용도로 운용하라. 다만 이 돈은 날리면 그뿐이라고 스스로에게 다짐해 두어야 한다.

― 윌리엄 번스타인, 『투자의 네 기둥』

조금만 더 생각해 볼까요?

연금저축펀드 100% 활용법

연금저축은 최소한 5년 이상 유지하면 만 55세 이후 연금을 받을 수 있는 장기 저축상품으로 안정적인 노후생활 보장을 위한 상품이다. 연금저축신탁, 연금저축펀드, 연금저축보험 등이 있다. 연금저축펀드는 연금저축신탁이나 연금저축보험과 달리 원금이 보장되지 않는 대신에 기대수익률이 높다.

▼ **연금저축의 개요**

가입자격	없음
의무 납입 기간	5년 이상 납입
연금 수령 기간	만 55세 이후 연간 한도 내에서 연금 수령
납입금액	연 1,800만원 한도
연금계좌 승계	가입자 사망 시 배우자가 승계 가능
소득공제	납입금액의 12% 세액 공제(납입금액 400만원 한도, 최대 52만 8,000원)
소득세	연금 지급 시 연금소득세를 낸다. (55~69세 5.5%, 70~79세 4.4%, 80세 이상 3.3%)

연금저축의 장단점

첫째, 연 400만원 한도에서 세액 공제가 12% 된다.

연금을 매월 33만 4,000원씩 12개월 납입하면, 연말정산 때 48만원(400만원×12%)에 지방세까지 합쳐 52만 8,000원을 돌려받는다. 수익률로 환산해 보면 매년 13% 이상을 올리는 셈이다.

둘째, 연금저축 계좌에 포함된 해외펀드에 가입하면, 가입 기간 동안 세금을 내지 않아도 된다. 일반 해외펀드는 금융소득세로 수익의 15.4~ 41.8%를 내야 하지만, 연금저축 계좌로 해외펀드에 투자하면 55세 이후 연금으로 수령할 경우에 연금소득세 3.3~5.5%만 내면 된다.

셋째, 최소 5년 이상 의무 납입을 해야 하며, 만 55세 이상이어야 연금을 받을 수 있다.

연금저축펀드, 이렇게 활용하자
어떤 투자상품이든 제대로 활용하는 게 중요하다. 연금저축펀드를 내게 유리하게 활용하는 방법을 알아보자.

첫째, 최소한 퇴직 5년 전, 40대 중반 이후에 연간 400만원을 가입하는 것이 좋다.

세액공제는 물론 가까운 장래에 연금 수령 혜택까지 누릴 수 있다. 40대 중반 이전에 가입한다면 세액 공제 혜택은 볼 수 있으나, 연금 수령이 가능한 55세까지 시간이 많이 남아 불확실성이 큰 단점이 있다.

둘째, 만일 해외펀드에 투자할 계획이 있다면, 비과세 효과를 누릴 수 있는 연금저축펀드를 활용하는 것이 답이다. 하지만 단지 세금 혜택 때문에 계획에도 없는 해외펀드에 가입할 필요는 없다.

[글을 마치며]

재테크에는 비법도, 요행도 없다

재테크에는 비법도 없지만 요행도 없다. 어느 정도 시간과 노력을 쏟아야 좋은 결과를 얻을 수 있다. 재테크를 위해 경제지 구독은 기본이다. 인터넷 검색으로 얻는 정보와는 그 차원이 다르다. 전문가들이 기사의 중요도에 따라 편집해 준 신문이 훨씬 더 도움이 된다. 틈틈이 금융기관을 방문해서 신규 상품에 대해 알아보고, 집 앞의 공인중개사 사무실에 들러 시세 동향도 챙긴다. 가끔은 신규 분양 아파트의 모델하우스에도 가서 시장의 새로운 흐름을 읽는다. 이런 다양한 채널에서 얻는 정보를 개인 블로그에 저장까지 하면 더할 나위 없이 좋다.

투자를 하면서 빠지기 쉬운 함정은 수익률을 다른 사람과 비교하는 것이다. 비교가 반드시 나쁜 것만은 아니지만 기준 없이 이 사람, 저 사람과 비교하다 보면 시샘하고 좌절하기 쉽다. 러시아에는 예로부터 이런 민담이 전해져 내려온다.

부자의 옆집에 가난한 농부가 살고 있었다.

부자에게는 암소 한 마리가 있었는데, 농부가 평생 동안 일해도 가지지 못할 가축이었다. 농부는 너무나 부럽다 못해 배가 아파 하느님께 도와달라고 틈만 나면 기도했다.

마침내 하느님이 어떻게 도와줄지 묻자, 농부는 대답했다.

"이웃집 암소를 죽여 주세요."

필자는 재테크 성패의 기준을 '은행 금리'에 둔다. 은행 금리보다 나은 수익을 내면 성공한 투자가 되는 것이다. 삼성전자 주식의 수익률이나 강남 재건축 아파트의 상승폭은 비교 대상이 아니다. 그냥 참고만 할 뿐이다. 저수지에 있는 수많은 물고기보다 내 손 안에 있는 한 마리 물고기가 더 값어치가 있음을 알기 때문이다.

요즘 주변에서 노후준비에 대한 이야기들이 부쩍 많아졌다. 노후준비는 미리 해야 한다는 측면에서 논의가 확산되는 것은 바람직하다. 노후준비의 시작은 빠를수록 좋고, 적어도 은퇴 10년 전부터는 시작해야 한다. 한창 일할 나이에 허튼 생각한다고 걱정할 수도 있지만, 빨라지는 정년과 늘어나는 노후 기간을 생각하면 그럴 여유가 없다. 젊을 때부터 미래의 수입과 지출을 꼼꼼히 따져보고, 은퇴 후 필요 금액도 계산해 보아야 한다. 그래야 불행한 노후를 피할 수 있다.

물론 경제적 준비만으로 노후를 행복하게 보낼 수는 없다. 행복한 노후를 위해서는 건강해야 하고, 함께할 사람이 있어야 하며, 시간을 보낼 소일거리도 필요하다. 부족하지만, 이 책에서는 그중 하나, 경제적 준비를 채워 줄 방법을 이야기했다. 부디 '행복한 노후' 준비에 작은 도움이나마 되었으면 한다.

많은 분들이 이 책을 위해 애써 주셨다. 아마 이 책의 출발은 6년 전에 만들어진 조그만 경제 모임일 것이다. 친분이 있는 7명의 지인에게 공모수 청약에 대해 상의를 하면서 책이 필요하다는 확신을 가지게 되었다. 그 멤버 중 세 분은 이번 작업에 헌신적으로 참여해 주셨다. 이 자리를 빌려 민현수, 이혜원, 김용정 님께 머리 숙여 고마움을 전한다. 또한 저자의 동생이자 동화작가인 이혜다는 책쓰기 초보인 오빠를 위해 꼭 필요한 조언들을 많이 해 주었다.

　인생은 운명과 선택의 교집합이 아닐까…. 늘 함께하는 아내 윤경옥을 만날 수 있었던 운명과 선택에 감사한다. 지금 이 순간 원하는 것을 얻기 위해 자신과의 싸움을 하고 있는 성일, 현일 두 아들에게도 사랑과 응원을 보낸다.

행복의 숲을 거닐며
이병화 드림

[찾아보기]

가

가격 미제시 119
가치주 230
가치투자 24~25, 31, 35
간접투자상품 48
경제성장률 232
경제지표 29
고위험 자산 230
고위험/고수익 상품 60
공매도 61, 184
공모가 75, 84
공모주 청약 43, 45, 60, 67, 71~74
공모주 펀드 76
공모주 하이일드 분리과세 펀드 77
교환사채(EB) 62
국공채 54
국채 230
기관의 수요 예측 경쟁률 115, 130, 156
기대수익 23~24, 42, 60
기술적 분석 27
기업가치 75, 85
기업공개 79, 99, 102
기업의 상장 절차 74
기초자산 30

나~라

나심 탈레브 235
노후자산 47

단기 매매기법 28
단기 시세차익 28
단기채 54, 230
대체투자 상품 230
대형주 230
데이트레이더 37, 39, 45
랩어카운트 21, 30
레버리지 239, 242
롱/숏 펀드 60~62, 230
리스크 관리 37
리픽싱 비율 196, 203

마~바

만기보장 수익률 195
메자닌 펀드 60~61
모멘텀 투자자 37, 45
무보증채권 201
무상증자 196
무위험 수익 41
무위험/저수익 상품 60
물가연동채권 67
바벨 전략 232, 235~245
발행사 84, 87, 99
발행시장 198
배당 26
법정관리 202
베이비붐 세대 225, 235
변동금리 54
병목현상 78, 79
복리효과 54
부채비율 167
분산투자 48, 230
블랙스완 235
비과세 30, 65, 94, 208
비상장 공모주 79

사

상장 74
세금우대 212
소형주 230
손실 위험 38, 53
순자산 26
슈퍼개미 39, 45
스캘핑 매매 28
스톡옵션 52
스팩 117, 139
시초가 128, 141
신용등급 78, 201, 230
실권율 176, 189
실권주 162
실권주 청약 161~164
실권주 환불금 182
실적배당형 투자상품 54

아

안분배정 90, 198
안전마진 89, 99, 226
안전자산 46, 242
양도소득세 93
양적완화 30
어닝서프라이즈 202
어음 54
역모기지론 217
연금저축보험 246
연금저축신탁 246
연금저축펀드 246~247
예금자보호 57, 206, 209
오피스텔 투자 81~83
우량 채권 46, 54
우리사주 22
원금 보장형 30

원금 비보장형 30
위험자산 46, 226, 242
유상증자 161, 176, 196
유통 가능 물량 144
유통시장 198
의무보유 확약 120, 131
이동평균선 매매 26~27
이브이에비타 31
이자소득세 72, 94, 208
일반 공모 161
임대소득 과세 81

자
자기자본비율 207
자기자본이익률 31
자산배분 229
장기채 230
장외시장 78~79, 125
장외주가 125, 131, 156
저위험 자산 230
저위험/중수익 상품 60
저축은행중앙회 206
적정 주가 31
전자공시시스템 124, 134
전환 청구권 195
전환 청구기간 196
전환가액 196
전환사채 60, 62, 193
정기예금 205~207
제3자 배정 161
조합 예탁금 208, 212
종목형 ELS 60~64
종합소득세율 94
종합자산관리계좌 30, 54
주가수익비율 31, 33, 84

주가순자산비율 31, 34
주가연계증권 30
주가지수형 ELS 60~62
주간사 84, 87, 99
주당순이익 31, 33, 84
주당순자산 31, 84
주식형 펀드 24, 60
주주 배정 161
주주 우선공모 161
주택연금 215~221
주택임대사업자 82
주택청약종합저축 49
중기채 230
중도 해지율 208
중위험 자산 230
중위험/중수익 상품 60
중형주 230
지방채 230
직접투자 46, 95

차~하
차이나펀드 21
채권 30, 45, 48, 192
채권형 펀드 60
채무 불이행 63
청약 경쟁률 128, 137, 152, 156, 178
청약 증거금 44, 89, 93, 96, 137
청약 환불금 43, 140
초과수익 70
초단타매매 28
초우량 회사채 60
코넥스 78~79
투자 3분법 231

특수채 230
파생상품 239
판매마진 66
펀드런 78
표면이율 195, 202
프리미엄 74
하이일드 채권 77, 79
할인발행 75, 85
할인율 76
확정금리 상품 54, 211
환매 78
환율 변동성 65
환헤지 233
회사채 54, 194, 230
후순위채권 62

기타
100-나이 법칙 231, 242
3저호황 22
BIS 207
BPS 31, 84
CB 193
CD 금리 218
CMA 통장 43, 54~57
ELS 21, 23, 30, 38, 98
EPS 31, 33~34, 84
EV/EBITDA 31
HTS 113
IMF 외환위기 23, 35
IPO 79, 99, 102
MMF형 CMA 54
MMW형 CMA 54
PBR 31, 34
PER 31, 33~34, 84
RP형 CMA 54